祈りと結いの民俗

故郷《ふるさと》の記憶［上巻］

那賀　教史 著

みやざき文庫129

『故郷の記憶』発刊に寄せて
――巻頭の辞――

宮崎民俗学会役員代表　甲斐　亮典

このたび、那賀教史氏が、今までの著述を「故郷の記憶」と題し二巻本として出版されることになった。那賀氏は「宮崎民俗学会」の中心メンバーとして、長く貢献している友人である。彼とは、教育界にいた時期からの交誼もあるので、「巻頭の辞」を私にということで微力ながらお引き請けした次第である。

私は常々、彼の粘り強い探求心に、ひそかに期待と敬意を抱いてきたが、このたびの論稿を見て、さらにその感を強くした。「聞きとりによる調査」の集約などは、時間と労力のかかる作業であるが、彼は、一度研究対象を決めると、その労をいとわず終着点を見究めるまで努力する。彼とその友人が取りまとめた「妻商家のくらし～河内屋調査報告書～」などは、三年もかけて完成したものである。

学問は「知の世界」と思われがちであるが、民俗学に関する限りは「知と情」の世界である。

神楽や伝承行事などの研究は、それに浸り、それに同感する心情が無いとついて行けない研究対象ではないかと思う。

このたびまとまった『故郷の記憶』は、そうした那賀氏の調査研究の集大成ともいえるもので、二巻に及んでいる。上巻は『祈りと結いの民俗』である。その第一章「ふるさとの民俗行事」では、「高千穂の四季」「ふるさとの正月行事」「西米良の民俗文化」「佐土原びとの伝承」などを取り上げている。

「高千穂の四季」では、古くから奥日向とされ、神話・伝承を継承してきた高千穂郷の、大師講や祭礼、夜神楽を取り上げ、そこに暮らしてきた村人の「ふるまい」に、篤い人情を感じとりながら行事を追って行くのである。「ふるさとの年中行事」では、年始の門松、歯固め、若水くみなど、日を追って行われてきた日向の農山村の行事を詳しく調査している。奥日向と平野部の村では、少しずつ違いもあるが、行事の一つ一つには、来福の願いや災厄を祓う祈りが籠められている。社会保障など考えられなかった近代以前の社会では、神への祈りや願いが、いつもあった。人の心の純朴さが、年中行事の中でも培われていたのだ。

「西米良村の民俗文化」では、「社人《しゃにん》」となる村人が受け継いでいる習俗や、通過儀礼があることを知る。長く継承されている神事には、村人が一体となって遂行するための慣習が成立しているのである。村所神楽・小川神楽の番付にある「シシトギリ」は、猪狩《ししかり》の様子を狩の作法を織り込んで神事として演ずる内容である。村人にとって狩猟が神事となっている意味を考えさせてくれる。

「佐土原びとの伝承」の佐土原は、島津分家三万石の城下町である。城下町や港町には必ず、商売繁盛の神「祇園様」と、防火の神「愛宕様」があると云ってよい。江戸の大火でよく知られているように、昔の町は、火事を最も強く警戒した。防火の神様と商売繁盛の神様の祭りは、昔から繁盛する祭りとして知られている所が多い。

佐土原のダンジリは、愛宕様の祭りに登場する。町を二分して「赤団と青団」に分かれて対抗し、「ダンジリ喧嘩」と呼ばれているほどはげしくぶつかりあう祭りである。何時ころから起こったかは明らかでないが、明治期に大阪商人との交易が始まってからではないかとする説もある。それは兎も角として、この祭礼の全容を、聞き書きして紹介している。旧城下町の祭りであるから、他の地区は参加しない。商人の祭りである由来を守ってきたのである。

第二章「故郷の記憶」では、「自然を見つめる確かな目」「結いに見る伝統の力」「神仏への畏敬」が取り上げられている。

高千穂郷では「トウキビめし」が常食であった。水利の不便なこの地方では、用水路による水田の開発が遅れていて、耕地は畑作が主であった。主食の一つとして、トウキビは重要な作物であったのだ。トウキビは、収穫して皮をむいて、軒先につるして乾燥させる。乾燥すると実を臼で碾いて粒子状にして米や麦に混ぜて御飯に炊く。粉になった分は、団子にして食べる。炊きたてのトウキビめしは、香ばしくて大変おいしいものである。

ソバや粟もよく作られた。竹の子やセリなど自然から得られるものも、よく利用された。季節ごとにさまざまな工夫が、人々の食を支えてきたのである。自然の姿をよく知ることが、よく生きることであった。「自然を見つめる目」は、長い年月の厳しい生活条件の中から生まれてきたものであり、「確かな目」は、生きる知恵として養われてきたものだ。

人々の生きる知恵に「結い」がある。河川や海で行う漁は、仲間を組まなければ出来ないものがある。ブリ大敷網を支えていた「結い」の聞き書きも今日では貴重なものとなっている。『故郷の記憶』の下巻は「生業と交流の民俗」と題されている。章立ては上巻からひきつがれており、その第三章「生業の民俗」は、「米良の狩人」「よる・あむ・つくる」を収録している。

猪猟《ししりょう》は、周到な準備がなければ成果を得ることは出来ない。山野を縦横に駆けまわる猪や鹿を獲るのは、容易なことではない。著者は、米良山の狩の種類と作法を記録し、狩の準備や工程を写真や絵で詳しく紹介している。山入りから、獲物を獲って処理分配するまで、順序や作法を踏んで行われる。山村の生活を支える狩猟は、人々の結束を必要とし、神への畏敬のもとに行われ受け継がれていくのである。

狩の準備に猟銃の玉をつくる工程がある。この玉つくりに狩猟の禁忌があって「ネコの前で玉をつめて見せるな」という言い伝えがあることを挙げている。これは、「千頭の禁忌」にかかわる伝説の一つに猫の話があって、それが米良でも語られているのである（詳しくは本文末の注を参照）。

第二、第三節は、「よる、あむ、つくる」（撚る、編む、作る）である。

昭和前期までの農山村では、手作りの道具がたくさん使われていた。麻やカラムシの繊維から取った糸、ヘラの木や樺の木の樹皮、竹や蔓で編んだ籠など、自宅で作るものもあったが、村内に道具作りの高い技術を持っている人がいて、世間の需要に応じていた。山仕事や農作業にもよく使われている物が多くあった。著者は、これらを「生業の民俗」として捉え、多くの写真で紹介している。

明治時代に入ると我が国は、アジア諸国に先立って、近代工業を発展させていったが、その基底にある技術には、江戸時代の農山村で使われていた技術も多くあった。「よる、あむ、つくる」は、用具を作る基本の手技であるが、西洋の技術と組み合わされることによって効率のよい機械になっていったのである。このように見てくると、「よる、あむ、つくる」の歴史は、興味深いものになる。

第四章「交流の道」は、生活の変遷と道路の変遷をまとめている。西高東低の本県は、西から東に主な河川が流れて海に入り、道路は川筋に沿って海岸平野から奥地に伸びる。江戸や上方からの文化は、小藩分立の日向に多様な生活文化を産んだ。川筋にそって、漁景や旅人の跡を追った内容も、その背景を考えると興味ある内容である。いわゆる「塩の道」などは、古くからルートがあり、それに添った商品交易や地元商人が果たした役割などもわかるのである。

著者は、幅広く県内の「民俗」を調査して書きまとめてきた。その内容も多岐にわたり紙数も多いので、全てを紹介することが出来ないが、どこか一節をよむだけでも、「民俗」の面白さに惹かれるものがある。

古くから行われていることや、話題として語り伝えられていることには、研究さるべき内容があり、民俗学はそれを研究しているのである。

最後にこの拙文を書きながら思い出したことがある。

江戸後期に菅江眞澄という国学者がいた。彼は天明三（一七八三）年から二十八年間も東北地方を歩き回って人々の生活を記録した。そして「眞澄遊覧記」七十冊を残した。

人々の暮らしを観察して記録することを生涯の業としたが、その記録は貴重な民俗資料となっている。民俗学を志す者は、今日でも人々の生活を記録することの中に、知と情の結晶を見出すことが大切なのではないかと思う。

ここに語られているのは、本県の民俗である。是非読んで人間の生活の面白さを考えてほしいと願うものである。

平成三十年　夏

注・本県の祖母山麓の伝説

昔、九右衛門という腕自慢の猟師がいた。九右衛門は猪と鹿を千頭獲ることが念願であった。

九右衛門の母は、観音菩薩を篤く信仰していて、息子の千頭の願を止めさせようと思っていたが、九右衛門は聞き入れなかった。九右衛門の狩も残り一頭で千頭という日、明日こそ千頭を獲ろうと思い、囲炉裏ばたで十二発の玉を作っていた。そこに母が可愛がっている黒い猫がいて、九右衛門が作る玉をなめるのであった。夜が更けると何処からか、「九右衛門やーい」と呼ぶ声が聞こえた。九右衛門が鉄砲を持って外に出ると、何か黒い物が近づいて来る。彼は「怪しい」と思い銃を構えて撃った。玉は当たったが、カーンと跳ね返された。

九右衛門は次々に玉をこめて、持ち玉十一発を撃った。玉は命中したがカーンと音をたてて全て跳ね返された。黒い物はなお近づいてくる。九右衛門は最後の玉を撃った。玉は命中して怪物はどこかに跳んだ。

夜が明けて見ると、我が家の中に黒猫が血に染まって倒れていた。九右衛門は、観音菩薩の声を聞いたような気がした。彼はその後殺生を止めて母とともに観音像を背負って、諸国を行脚したが、後に東北の山形まで行き、お堂を立てて観音像を安置した。晩年、九右衛門は、村に帰って安らかに一生を終えたという。

目次

故郷の記憶［上巻］祈りと結いの民俗

故郷の記憶 ［下巻］ 生業と交流の民俗　目次

※章数は上巻「祈りと結いの民俗」からの通算

祈りと結いの民俗

故郷の記憶　上巻

第一章　ふるさとの民俗行事

第一節　高千穂の四季

高千穂の山々

はじめに

かつての高千穂は、現在の阿蘇地方から西臼杵郡そして東臼杵郡の一部を含む広大な地域にまたがっていたといわれる。私の住む三田井からは、連山が西へと連なり、正面に見える白雲たなびく二上山は天孫降臨の伝説の山である。高千穂小学校の地は、藤岡山と称され、天村雲命が天から水を受け天の真名井へ注いだという伝説の地である。また、神聖な山とされることについて、高千穂神社宮司・後藤俊彦氏は、「花さけば　真名井の水をむすぶとて　藤岡山にあがりめなせそ」の歌が中世の万葉歌人度会延佳（神祇百首）によって詠まれていることを紹介し、その由緒を説明しておられる。このほか、高天原、四皇子が峰、天の真名井など、伝承にちなんだ跡も多く残されている。

ゆるやかに、時には急斜面へと続く丘陵地の野で行われてきた刈干切りも、現在では仕事の様を変えてきているが、厳しい労働の中にもゆったりとした調子の高く澄み切った歌い手の調べは、今も野に健在である。高千穂のすばらしい人情、風情、そして自然景観等、感ずることは多々あるが、この一年、三田井地区において見聞した歳時記の一端を紹介することにしたい。

御　幣

一　鬼の目のはしらかし

期日　旧正月七日の夜明け
（平成十二年二月十三日）
場所　本組集落

午前四時半から荒立神社本殿において、宮司が神事を執り行う。参列者は、保存会長をはじめ、世話役、地区の各戸からの代表者、それにお年寄りから子どもまで様々である。神社内には大小の御幣が立てられ、日頃は閉じたままの奥殿が開扉され、秘仏のまなざしを受けながら厳かに神事が進行する。

火は神聖なものとされ、布マスクをした数人の世話役により

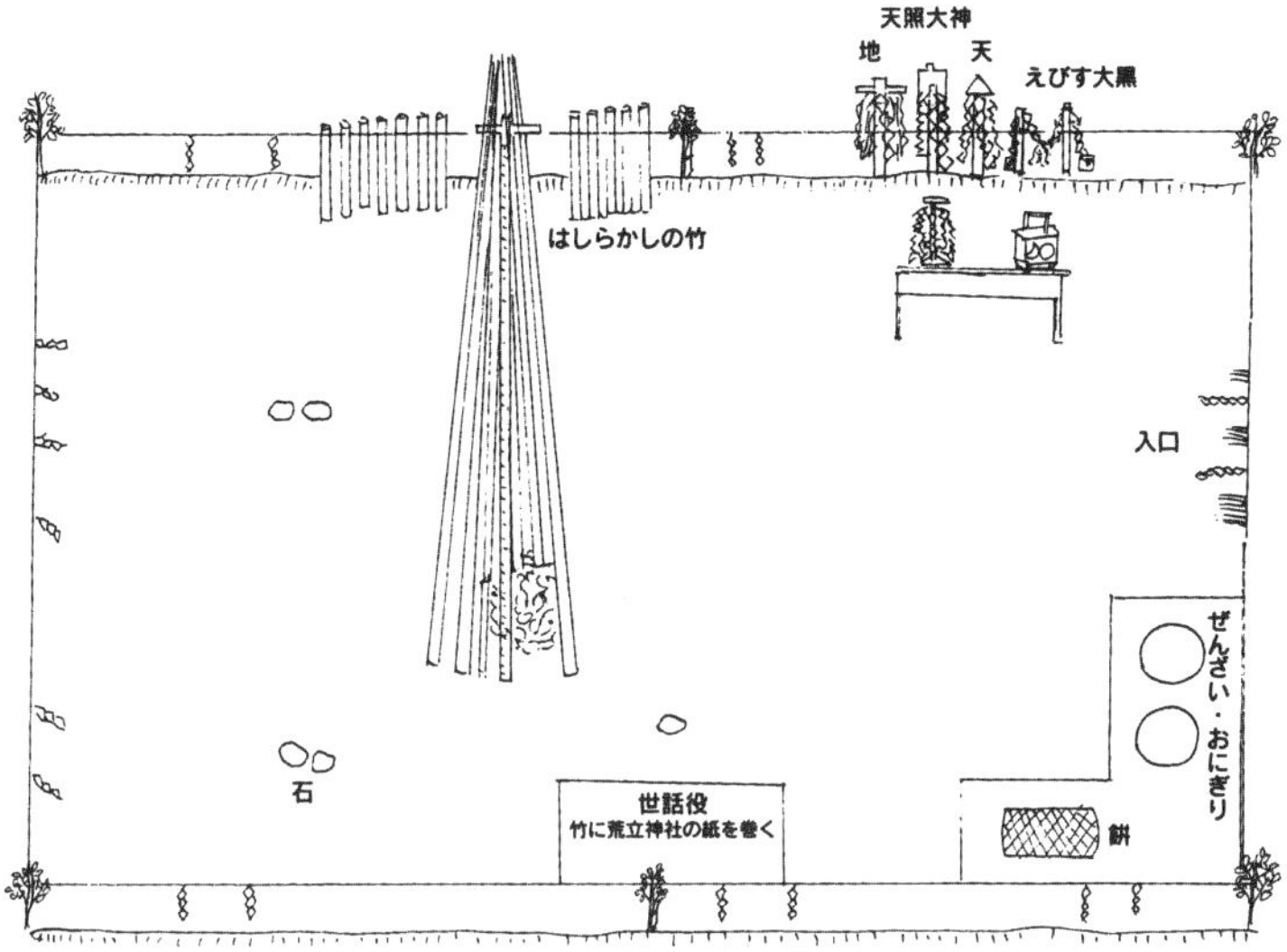

鬼の目のはしらかし会場図

火打ち石、舞錐を使って起こされ、コトボシに移されて畑へと向かう。先頭に天照大神の白御幣、二番目に天の神の青御幣、三番目に地の神の赤御幣、そして、最後にえびす大黒様の白御幣が続く。

神社西方、二百メートルの下段にある一反ほどの田がはしらかしの場所である。田の四方には、注連縄が張られ、榊、御幣を配し、入り口には七五三の注連に御幣が挟まれ、その下を頭を下げて入る形となっている。その範囲は神域である。中央には、直径約十センチメートルの孟宗竹がおよそ三十～四十本錐状にして高く積まれている。その中心には芯杉が立てられ全体を支えている。入り口近く東方に向けて神事の台が置かれ、祭壇には宮司の御幣、コトボシのほか、供えられた御神前の袋や御樽を置く。

孟宗竹の火柱

宮司執行による玉串奉奠が終わると、コトボシから火がとられ、孟宗竹の下の部分数か所に点火する。火はバチバチ、ポンポンと大きな音を立て、あかあかと燃え上がり、その炎が高く高く真っ暗な空へと舞い上がり人々の歓声があがる。以前は、火を焚く場所は家の近くの辻であった。悪魔払いや虫除けということであったが、同時にその年の無病息災、また、豊作祈願の願いも込められていた。近年は交通安全も願いの一つに加えられている。

竹伐りは、およそ二週間前から始まる。竹をよく燃やすために、ベラ（焚きつけ、小枝の意）用として、ヒノキ数本を倒す。あぶらが多くてよく燃えるからである。百数十本の竹を伐るので、雨の場合を考えてやや早めに集落の人で作業をした。昼は地区の婦人によるおにぎりや豚汁、あぶらみそ等の接待があり、軽く御神酒上げをした。各家の主婦は全員集まって、前日に餅つきや餅丸め、当日の朝のおにぎりやぜんざいの準備も行う。一人一人が焼いて叩く竹は、クロチク（マダケ）である。湯飲み茶碗大のものを二・五メートル強の長さに切る。節の先を少し残しておくのは、湯気の出具合で音の出る頃合が判断できるようにとの配慮からである。

餅やぜんざいの準備

竹を火にくべ、湯気の出てきた頃合を見計らって、近くの石や堅いものに叩きつける。ポンッというその音が大きいほど願いも叶えられるという。田の端には、焼いて叩くための竹が百本以上準備されている。これは、集落の世話役が数日前から切り出したものである。この労力も大変なものであり、最近では、若者の減少でこの作業が大きな負担となってきている。

空がやや明るくなり始めた頃、子ども達が起きてくる。霜の降りた寒い中、厚着の服装で毛糸の帽子を被っている子もいる。旧正月の後に来るこの日に、はしらかした竹を家の門（玄関口）に立てて置くと一年の魔除けとなり、また、畑に立てて置くと虫除けとなり、豊作祈願となって安心したものだという。集落の人々が次々にやってきて火に向かう。この一年間玄関や家内に飾ってきた注連縄やお札、割竹を持参し、この火にくべてこれまでの無事を感謝する。子どもたちも竹を火に入れ、古老の手助けを得て取り出し、石に向かって走り思いっきり打ちつける。「パーンッ」「パパーンッ」というかん高い音に歓声が上がる。

次々に竹の音が響き、辺りが人で賑わう頃には、カケグリに入った焼酎が振る舞われる。また田の端では、その火を使って手作りのいろりが作られ、「ダゴ焼き」と称し餅が焼かれて配られる。ぜんざいもわかされ、よいお祭り気分となる。トウキビの握り飯が焼かれ、油味噌を添えて熱いのを食べることも楽しみであった。また、この火を使って七草雑炊を煮たり、お茶を沸かしたものだという。

火の粉を上げていた中央の火柱がようやく衰えをみせ、高く積み上げられていた竹がはしらかしの音を奏でなくなり、やがてなくなろうとする頃には、太陽も大きな顔をのぞかせる。各人が叩いて割った竹は、世話役の人が適当な長さに切り、荒立神社の印を刷り込んだ和紙に包んで本人に渡す。

参列者が帰ると、田の中ほどに焼いた竹を持ち出す。十二本に割り（閏年の時は十三に割る）、一本ずつ先端を土にさしていく。丸く外へ向けて枝垂れさせ、土にさされた竹は、一本一本はしらかして悪魔を払うのだという。

春の耕作の始まるまでの約一カ月間、畑の中央に割竹を立てる鬼の目のはしらかしは、県内にも多く見られる。大火を燃やして鬼を払う行事であり、子どもを中心とした行事として残されている。全国的にも、七日前後と十五日前後に年神様が帰ると伝えられており、とんど、鬼火、左義長等の呼び名がある。取り払ったものを焼くことを一つの目的としており、火を焚く行事が行われる（文化財保護部『日本民俗資料事典』第一法規刊）。竹のはしらかしの音により、悪い霊を退治し、夢と願いを持ち、気を強くして一年を始めようとした人々の心と絆は、現在も本組集落にしっかりと継承されている。

二　大平のお大師さん

町内には、お大師さまの石像や諸信仰の石像が茶屋堂や道の辻に祀られている。旧三月二十一日には、大平地区や浅ケ部地区等において現在も盛大に行われている。

お大師さんの祠堂

ご馳走持参の女性の集まり

大平地区中心部の道路沿いには、七体の石像を祀り、年間の講の日にはご馳走を作り供えている。道行く人には、赤飯のおにぎりと漬け物などを接待していた。現在は、主婦が前日からご馳走を作り、隣の公民館に持ち寄って楽しい語らいの時を過ごす。その間、通る人には声をかけて立ち寄ってもらい、食を共にしながら歓談に花を咲かす。昼は主婦が自らの休息の日として楽しむ一方で、道行く人に応対する。また、子ども達が帰ってきたり、仕事を終えて一段落してやってくる御主人や地区の男性にも心からのもてなしをする。

石像仏は、いつもていねいに顔を洗い、手入れをされて着色され、きれいな表情で道行く人々に安らぎを与えている。花とお水はいつも欠かさない。お大師さんは麦が好きだといわれ、季節には必ずあげるという。赤飯をモロブタにいっぱい並べて供える。家庭の喜びやお祝い事がある時もお参りし、御神酒をあげたりすることもあるという。赤ちゃんから年寄りに至るまで、全部その願いを叶えてくださるようにと、人々の心からの信頼がお堂の世話や信仰につながっている。

大皿に盛られた何種類もの料理、驚くほどの元気で笑顔に満ちあふれた地区の奥様方、このエネルギーが地区の現在の元気さを物語っている。接待する人ともてなされる人との間には、ずっと昔から知り合いであったかのごとく、一瞬にして仲間の一人に溶け込んでしまう不思議な人間関係の世界がある。集落の季節の喜びと行き交う人々の出会いと交流の長い歴史が、高千穂のくらしと伝統に対するよい印象を深く形成している。

三　高千穂神社春の大祭

期日　平成十二年四月十六日
場所　三田井地区高千穂神社一帯

高千穂神社は、旧高千穂郷の総社として八十八社を統括し、古来の領主は十社大明神の祭祀を継承してきた。十社大明神とは、三毛入野命御夫婦と八柱の御子神を合祀したものの総称（宮崎県神社庁編『宮崎県神社誌』）とされる。その三毛入野命が退治したとされる鬼八は、荒ぶる神であり、古来高千穂と呼ばれた広大な範囲に幾つもの壮大な鬼八伝説を残している。その霊を慰め、かつ農神として仰がれる祭りが、笹振り神楽という稀有かつ貴重な神楽を伴う猪々掛け祭りとして、当神社に現在も引き継がれている。樹齢八百年と称される秩父杉のうっそうとした神社境内は、深閑として歴史の風格を感じさせる。

山々に鳥の声がこだまし、緑が連山を駆けのぼる喜びの春に大祭は行われる。神社下の斎殿において、宮司以下神官揃っての神事が執り行われる。やがて、一行は石段を一歩一歩上り、氏子以下それに続き、本殿において式典が執行される。玉串奉奠を終え、人々の平穏無事なくらし、五穀豊穣の願いを託した後、神霊を神輿に移して一行は浜下りへと向かう。

オノコロ池に入る神輿

神社の森を出発した一行は、道先案内の猿田彦を先頭に、獅子舞い、手力雄命をはじめとする神面の八百万の神々が続き、道浄めとして戸田流棒術組、白刃組がこれに続く。高千穂神社を中心とした氏子の嫡男に継承されている本棒術は、富田清玄を流祖とし、昭和六十二年現在、二十代を数え、二百五十五年間相伝の伝統を持つ（高千穂町教育委員会『高千穂の民俗芸能』平成八年刊）。御神幸の際には供先警固役を務めつつ、秘伝の形を公開する。

岩座での道具清め

みずみずしい新緑の高千穂峡への道を、若者に担がれた神輿が粛々と進み、衣冠束帯の宮司が神馬に乗り、ゆっくりと行列は進む。氏子や神楽保存会、一般参列の人々がこれに続く春の神幸絵巻が繰り広げられる。やがて、清水溢れる御塩井の池において神輿のみそぎが行われ、池の中に浮かぶオノコロ島を三巡する。周囲の観客からの拍手と歓声に、神輿担ぎの若者は道程の疲れを癒し元気を取り戻す。

その後、神輿は玉垂れの岩座に安置される。玉垂れの水源においては、神楽の道具清めが行われる。御神幸に関して伴ってきた道具類を、神水ですすいだ鬼の目かずらで作った輪の中を通す。おんのめかずらとも呼ばれる本カズラは、県内においても、輪くぐりを伴う神事に用いられている事例が見られる。輪を通すことは、清め祓いの意である。これに続き、式三番の神楽が舞われる。自然豊かな風景を背景にした高千穂峡における神楽の舞いもまたみごとである。
一息入れて神社へ、さらに大通りを経てくしふる神社を目指す。春の御神幸は往路であり、十月十六日のくしふる神社秋の大祭の還りの神幸と照応する往還神事として、人々の心に一年の節を大きく印象づけている。

四　くしふる神社のすもう

期日　旧十月十六日（実施は平成十一年十月十日）
場所　くしふる神社

十月十日は、くしふる神社秋の大祭である。森閑とした杉の大木、苔むした石段を上ると、唐破風造の神殿がおもむろに姿をあらわす。境内の中段には、本格的な土俵が築かれ、頑丈な屋根がつけられている。明治の初め、二上神社と称したこともある当神社は、古来「くしふるさま」と親しみを込めて呼ばれ、人々の崇敬を厚くしてきた。秋の大祭には「方屋まつり」として奉納宮相撲が催され、三百五十年の伝統を数えるという。

中央正面には御神体を祀る祭所があり、手前には、心もち高い位置に、新しい檜材で桝組みされた特別席がある。宮司や長老がすわり、役員が腕を組み力士を励ます。各人各層から選ばれた相撲世話人会は、強力な組織のもとに伝統をしっかりと支える。相撲の伝統と本格的な土俵づくりは、名門熊本の吉田司家の教えを受け、土俵づくりは、稲の収穫時期の忙しさを耐えて本組集落が代々預かってきた。今年も、現役の指導者や髷のあとを残す延岡の力士たちが来て土俵を盛り上げている。土俵を見下ろすうっそうとした杉の大木は、これまでどれほど多くの力士をみてきたのであろうか。

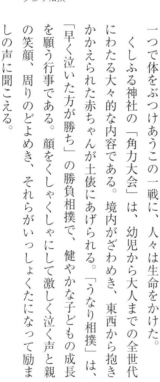

神社の奉納相撲は、厄除けの願いを込めて行われる。宮廷での節の行事とされていたものが広く普及し、やがて集落での草相撲にまで人々の楽しみとして取り入れられたという。素手に帯一本裸一つで体をぶつけあうこの一戦に、人々は生命をかけた。

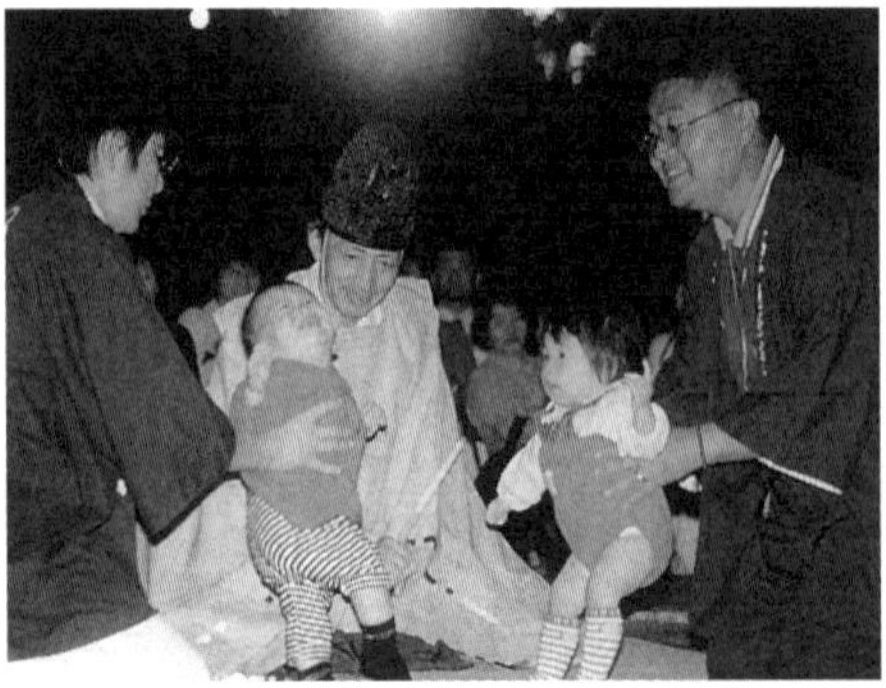
うなり相撲

くしふる神社の「角力大会」は、幼児から大人までの全世代にわたる大々的な内容である。境内がざわめき、東西から抱きかかえられた赤ちゃんが土俵にあげられる。「うなり相撲」は、「早く泣いた方が勝ち」の勝負相撲で、健やかな子どもの成長を願う行事である。顔をくしゃくしゃにして激しく泣く声と親の笑顔、周りのどよめき、それらがいっしょくたになって励ましの声に聞こえる。

小学生の取組は、低学年の優しい立ち会いから始まり、女子も交えて押し引きの相となり、やがて相撲へと変わる。中学生は、初めの恥ずかしさが消え、熱を帯びて意地をみせた負けん気の応酬となる。成長期を迎えた力強さが、どんとぶつかる音となって土俵にこだまする。激しい動きは、心と心の戦いである。

すっかり夕暮れとなり、裸電球が輝きを増す頃、御神体がたいまつを掲げて土俵を通り、祭祀所へと進む。見事な化粧まわしを締めた小学生横綱が登場し、土俵入りが行われる。高千穂小学校の六年生による不知火型と雲竜型の二横綱が、太刀持ち、露払いを従えて堂々の披露を行う。カメラのフラッシュが閃き、称賛と気合のかけ声が飛び、拍手が起こる。電灯のない時代は、たいまつをかがした。郡内各地から横綱を一目見たいと願う人々で境内はごった返したという。

多くの観客に囲まれ、心に感動を残したかつての少年横綱が、

相撲大会

今日も青年一般の土俵に立つ。精悍な筋肉質の力士が土俵狭しと勢揃いし、開会式が始まる。高校生も加わり、どっしりとして前方をぐっとにらみ、一戦一戦の緊張を予測させる。個人戦、そして団体戦と試合は進む。百戦錬磨の力士は、相手を見据え、ぶつかりくる立ち会いにも動ぜず、難なく押し戻す。力の戦いは、技の競い、そして体力の差が文字通り裸の差となって歴然とする。地元の伝統を支えてきた貫祿力士たちの自信。町の信頼を預かったようなそうそうたる顔ぶれ。今年も

続く土俵の安泰は、平和なこの一年を象徴している。

相撲を支える氏子組織は、時代を超えて組織を挙げてのみごとな協力態勢を持つ。土俵、桝席、おにぎりの差し入れ等は、本組の伝統。練習指導、当日の運営、賞や豪華な景品等の世話は、商店街を核とした氏子衆が引き受ける。また、小中高生、中学校教職員、各職場青年、警察署や一般の方等地域が一体となり、技のぶつかり合いの土俵に立ち、信頼の握手に支えられた心からの協力がある。全世代を取り込んだ町の風物詩である。

人が集うことは、喜びの集いであり活気でもある。森閑とした境内が力士の熱気と人垣の歓声で埋まる時、神社の伝統、高千穂の町、人々の表情が輝きを増す。「すもう」は力士と観客一体となって、本年も厳かに継承され、二〇〇〇年へと引き継がれる。

五　高千穂の夜神楽「浅ケ部神楽」

期日　旧暦十一月十一日から十二日（平成十一年十二月十八日から十九日）

場所　浅ケ部甲斐栄夫氏宅

はるか彼方の山々から、野をよぎって寒風が吹き寄せる。身を切るような冷たさに、体を縮ませて神楽宿へ向かう。暗闇のあちこちから、神楽宿へ向かう小さな集団が三々五々集まって来る。神庭のある間はすでに満杯で、ぎっしりと観客で埋まっている。

内注連と称する室内の祭場の飾りは、二間四方に注連縄を張り廻し、四隅には榊、七五三の御幣、みつで、かけながし、四隅に四段の幣をかける。やや内側に、梅に鶯や馬、鹿、鳥居などのえりもの（彫り物…半紙に絵の型紙をもとに切り抜いたもの）がかけられ、雰囲気を落ち着かせる。神座の位置する正面には、御神酒、山や海の幸、白米、段飾りの餅、そして、オモテ（面）様と尊称する代々神楽を支えてきた多くの神楽面が飾られている。中央天井には、竹枠に布をはった天蓋状のアマ（高天原）が吊るされ、四隅からの雲綱で固定される。

当主は、今年の神楽宿を引き受けるにあたり家を新築された。一生に一度の神楽宿となる名誉・光栄さに、間取りも神庭を考慮して設計された。ふすまを取り払った部屋は、西に控えの間、東と南に面した前庭から観客が神楽をみることができる構造となっている。母屋の隣には、来客をもてなす母屋以上の広さの棟。何十人もが一度に飲食し語らいができるようにと特別作りの構えの家も準備された。

外注連

前庭には、外注連と称するヤマ（柴）が作られている。外注連について山口保明氏は、「外注連の柴垣に三本の注連柱をたてて色々の飾りをつけます。（中略）八百万神が招宴されて天下

外注連

(イ)浮輪
(ロ)籾の叺（一俵）
(ハ)籾の叺に供えた餅
(ニ)足元の白幣（四方に二本ずつ）
(ホ)乗り柴（左右に一束ずつ）

外注連の飾り方

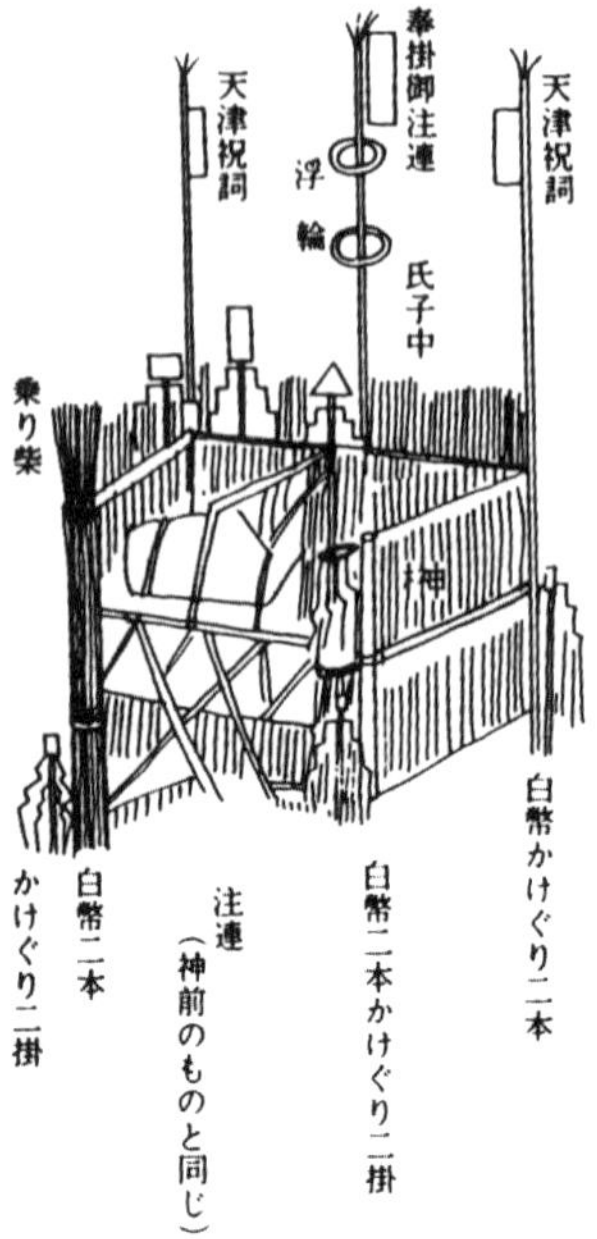

高千穂町教育委員会編『高千穂の夜神楽』より

る目印であると同時に、祭壇の中央を示すものなのです。高千穂系の神楽では注連柱（外注連）から〈みどりの糸〉を内注連に通じ（神渡し）させており、これを見ると外注連は明らかに神々の依代だということが納得できます。（後略）」と述べて、神々の依代としての意味を説明している（『みやざき民俗』第五一号）。

　外注連のヤマは、一間四方、高さ約四尺、三方を柴で囲い、表の部分に注連縄を張る。ヤマの内部には、籾を入れたカマスを十二俵、上の棚には、翌年の種籾を入れた俵を三俵置く。その奥に三本の竹を配し、中央を高く左右をやや低くし、その先端に吹き流しをつける。竹には、その途中に浮輪と称する竹輪と藁を、中央には二段、両端には一段つけ、それに御幣をさして立てる。

午後を過ぎて氏神様のある権現様に神迎えの神事、そして神楽宿への道行きとなる。夕暮れの集落内を、神々の行列がゆっくりと舞いつつ進む姿は圧巻である。宿に着くと、外注連を三回廻ってから神庭へと舞い込む「舞い入れ」となる。一息入れた後、一同神庭に正座し、本日の神楽役の申し渡しが行われて神楽の開始となる。三十三番、一昼夜に及ぶ神楽の始まりである。

夜空に吸い込まれる独特の笛と太鼓の波調、舞い手の荘重で正確な足運び、体のこなし、着面の舞い、採り物の杖、弓矢、扇、榊、鈴等をとっての動きある舞い…。夜が更けても、観客は殆ど動かない。木枯らしが音をたてて四方の榊や御幣をゆるがしひるがえしても、体を縮めて舞い手からは目を離さない。

勧められるままに、しばらくの飲食に隣の棟を訪れた。その人数の多さ、歓談の声の大きさ。ついそこで神楽が舞われているとはとても感じられない雰囲気である。神への敬虔なる舞いの奏上、荘厳さとひたむきさの凝縮した世界。そして、一年に一度の多くの人々が様々な出会いを通して心からの人間関係を深める世界。そのどちらもが、神楽を通して醸成される集落の世界であり、人間の息づく喜びと安らぎの世界であると感じられる。十一時過ぎに最後部に席を得て次第に前にずり、先頭に座れたのは午前二時をはるかに過ぎていた。

高千穂の夜神楽は、二十一集落があり、十一月から二月にかけて各集落で行われるが、集落独特の伝統と格式を保ち、その技術や心を伝承している。浅ケ部神楽も、旧来の伝統を特に重んじ、かっては別火《べっか》して男性のみがその準備に一週間以上もかけていたとされる。役割が明確にされ、責任をもって準備をすること、彫り物切りや材料の伐りだし、宿の準備など協同して作業する日数の決定、限定された演目の舞い手、演目と舞い手の相談等が、神楽終了後すぐから直前に至るまで綿密に行われてきている。

その組織は、『高千穂町史』によれば、元締（神楽の総指揮者）、ナカゼ（中世話…神庭のしごとや舞人等一切の世話）、神使われ（炊事その他の雑役にあたる）、注連の番（消防団を主とした警備役）、奉仕者（舞人・奏者またはほしゃどん）等に分かれる。浅ケ部神楽においては、指揮者からの技術伝承やその運営組織が安定し、しっかりと継承されている。

彦舞に始まる神楽は、熟達、清新の舞い手（ほしゃどん）によって、次第に活気を増し、夜半の七貴神、八鉢、御神体へと進むにつれて観客の熱気も高くなる。近年まで夜半には、神楽競りが行われていた。

こよさ夜神楽にゃせろとて来たが（サイナ）
　せらにゃそこのけわしがせる
こよさ神楽は十二のえとで（サイナ）
　飾り立てたる神かぐら
さまは三度の三日月さまよ（サイナ）
　宵にちらりとみたばかり

ノンノコサイサイ　ヨイヨイサッサヨイサッサ
ヨイヨイサッサヨイサッサ

若者集団による元気な声と勇ましい競りは、神楽の夜を大きく盛り上げたという。

七貴神は、大国主命が子神に舞い方を教える姿の再現ともいわれる。太鼓の上に逆立ちして地霊を呼び起こし、その加護を願おうとする曲芸的な八鉢、また、増殖の儀礼を象徴した酒こしの舞いとして親しまれている御神体等は、笑いを誘い、観客の眠気を払う興味溢れる演目である。

戸取り

それが終わると、ヨナガリと称する雑炊が出され、人々は寒さと空腹に一息ついて元気を取り戻す。酒も心地よく入った歓談の声がひときわ大きくなり、闇空へ消えていく。夕方から、集落内の各家々では多くの近親外来の訪問客がある。ふすまを外した通しの間を歩くのが困難なほどの人々が、久しぶりの出会いと祭りの喜びを噛みしめながら飲酒歓談の宴を催している。神楽宿と各民家において、集落あげての冬の感謝祭が人々の大きなうねりとなって繰り広げられる。寒空のもとに毎年の伝統を守ってきた集落の長い歴史の営みを、宿の屋根にたてられた白木綿の弦に篠竹の矢をつがえた竹弓

御　柴

と御幣が見守っている。

やがて空が白みかける頃、出雲系の神楽として「岩戸開き」に象徴される鈿女や手力雄、柴引、戸取等の演目が続き、感動と満足の観客の拍手が一段と大きくなる。すっかり明るくなった前庭で御柴が始まる。端を藁縄でくくった柴の大束に土地の神を乗せ、二組の大柴が氏子によって担がれ、威勢良く外注連の周りを三廻りする。柴上で勇壮に舞う着面の舞いは、柴上げ、柴乗りとも呼ばれ、神とともに一夜を過ごした人々の感謝と歓喜に溢れ、眠りを覚まし生命力を復活させて神庭へ入る。やがて、繰り降ろしにより諸神を送る舞いとなる。この際、初めて観客も舞いに入ることができる。舞い手と観客が一体となり、神楽歌を歌いつつ前に後に雲綱を引く。次第に大きくなる唱教と動きの中で、神楽はクライマックスを迎える。雲下ろしにより舞いは終わりをつげる。その後、神庭のかたづけを終えてから直会となる。

神楽は、県内各地に伝承されている。神楽に出会う時、その土地その土地における人々の神楽に対する思い入れの深さを改めて強く感じることができる。高千穂においては、正月よりも祭りをより重視し、盛大にお祝いをし喜び、感謝の念を深くしているように感じられる。仕事やくらしという日常性の中に願いと祈りを通して神楽をしっかりと位置づけ、集落の絆を堅く守ってきた人々の姿は、これからの時代にも変わることなく維持されていってほしいと強く願うものである。また、伝統的な格式や技術伝承の中に、現代失われかけている精神遺産や心の文化が多く蓄積されており、今後多くの人々や場において継承していくことの大切さを感ずる次第である。

おわりに

高千穂町三田井地区は、町部と農村部を抱える。町は、九州を東西に貫く国道によって人々の行き来や仕事・くらしの大きな変化を体験してきた。外部からの経済や文化の流入は、新たな価値をもたらし町の発展に寄与したが、人々にとってはふるさとの価値・心象をしっかりと守っていくことの重要さ・危機感もあわせ自覚してきた。町制八十周年を迎えた高千穂町は、少子化・高齢化を含めた過疎化も活性化への逆転発想に変え、自然の豊かさ、歴史と伝統を大切にしながら歩みを続けている。四季折々のすばらしい風景を変えることなく、世代間にくらしと伝統文化を根付かせ、心に明るい灯を次第に輝かせて力強く生きようとする人々によって、魅力ある二十一世紀への道を歩もうとしている。

最後に調査に御協力いただいた甲斐栄夫氏・丹波勝義氏・丹波俊子氏・吉村秀子氏に謝意を申し上げます。

第二節　ふるさとの正月行事
——宮崎県北部にみる事例から——

はじめに

正月を前にして、都会から地方へ、そして実家へと人々の大移動が始まる。ふるさとをめざす人々の心には、どんな正月の思い出が映っているのだろうか。また、一年一年を大事に生きてふるさとを守り継いできた人々は、どんな思いで正月を迎えるのだろうか。少子化・過疎化の中で、地域の絆・連帯が薄くなり、暮らしや仕事の姿が変化する現在である。しかしながら、正月行事は、人々の暮らしへの願いや信仰的な思いと共に心に深く蓄積され、ふるさとを懐かしむ源として継承されている。

正月を感じさせる言葉を年末からの流れに沿って記すと、木、火、日、水、金、土、月に関するものがある。また、年、若、初、福、餅、注連が浮かぶ。神仏のいろいろ、それから、飾り、挨拶、歌、占い、休むという人の姿などである。人によって、正月の印象は様々であろう。正月行事は全国各地に様々な形で行われている。そこで、以下に、正月を表象させる三つの資料を示してみたい。

①「諸国風俗問状」の正月に関する質問の項目

これは、江戸時代の都会の正月行事を基に、全国的な状況を知ろうとして質問した諸国風俗問状（『日本庶民生活集成』第九巻　三一書房）にある項目である。この項目が、現在、本県にどう分布残存しているかを見る上での一つの参考にもなる。

一	元日
二	鏡餅
三	屠蘇
四	組重（重箱）
五	雑煮餅
六	年徳神棚
七	恵方
八	餅花
九	破魔弓羽子板
一〇	子供遊び
一一	まじない占い
一二	□□□□
一三	謡初
一四	門松をとる日
一五	武芸等の事初
一六	親族の饗応
一七	七草粥
一八	鏡びらき
一九	蔵びらき
二〇	十四日道祖神祭
二一	左義長
二二	けずりかけ
二三	まゆ玉
二四	十五日赤
二五	大の金剛
二六	若餅（寒餅）
二七	卯杖・卯追い
二八	十六日斎日
二九	二十日えびす講
三〇	万歳の類
三一	此月神事の事
三二	此月仏事の事
三三	好み用いる事
三四	忌み避ける事

② 延岡藩上士　平野家「年中御定覚」より

平野家は、江戸時代を通して延岡藩の上士であり、第五代秀博は、宝暦八年、五百五十石給を受けている。当家に残された資料〈後掲資料1〉から、一部を読みとった内容を記してみたい。これによれば、事初（事始め――正月の準備）を十二月八日としている。正月用品は、二十七、八日に相調えることや煤払いの準備についてもふれている。また、煤払いの夕（夜）には、他の節分夕（この場合は立冬をさすものと考えられる）、大晦日夕、元旦朝夕、二日朝夕、三日朝夕、六日夕、十四日夕と同じような献立をあげるようにと、この日を大事に考えていることがうかがえる。このほか、藩主の御祥月（一周忌以降の命日）の四日にも、特別の献立を記している。元旦からの三ケ日の朝の献立は、次のようなものであった。

元日二日三日　朝　た徒く里　くろまめ
　　　　　　　　　雑煮　　餅　春な　ゆきとう婦
　　　　　　　　　い□□　　花かつを
　　　　　　　　　菱餅　五つ
　　　　　　　　　松木者し

七日の朝は、汁　うを　焼とう婦　こんにゃく　ごぼう
　　　　　　　　にん志ん　里いも　大こん
　　　　　香物
　　　　　□物　松木者し　もと入り

十一日夕には、具足餅御祝儀として、香物、吸物、焼物、煮物、餅小豆、松木者しなどが出され

ている。十二日には、御稽古始めに鏡餅御扱とあり、香物浅漬　餅小豆　松木者し　吸物者満くり（はまぐり）とある。十五日朝には、香物、汁七日朝の通り、餅入りの小豆粥を供えている。この時、正月雑煮も出されており、以前は三ケ日とも雑煮が振る舞われていたが、今年は御倹約に付き、元旦だけに出されたという。

正月には、歳神に御初尾を納めているが、この他に、御初尾を渡した所として、鹿嶋、甲子、伊勢、愛宕、熱田、荒神、山王成就院等の名が見られる。また、家内に対しては祈禱を正五九月の年三度依頼している。三日には、万歳がやってきている。正月を祝い、笑いと福を招くものとして、厚くもてなしをしている。

正月の中で、大切に祀り祝う日、供える祝い膳の内容、参詣する寺社等、大切にしていることがみてとれる。

③　人吉藩米良領「歳中儀規式目録扣帳」（慶応二寅年）より

『西米良村史』には、藩政時代の年中行事に関しての貴重な資料が掲載されている。県北部ではないが、参考となるため、その中から正月行事に関すると思われる項目のみ（太字は筆者による）を紹介したい。全文は〈後掲資料2〉に提示し、ここでは、関係部分のみを記す。

十二月十三日
一　両普請　年木切　罷出候
二十九日
朝　門松ヲ立ツルノ羽　ウラシロ　馬屋トシ木　二つ　下屋　二ツ
一　仏参ル　はかしょニ松　一われヅ、
正月元日
一　若水迎　一　御はがため　御茶　一　御手掛　御ひや
一　芋がゆ　元朝　御屋敷　参詣
一　御めし出し　御□二ツヅ、
次に鎮守　若宮三社　八幡寺　八王大雄寺迄参詣之御供也
御屋敷江出仕罷出候
二日
右　元旦の式　同断也
三日　朝
一　山口アケ　ひや芋かん酒地出シ　山口アケ柴ヲカド松仏に上ル事
四日
一　山祝の狩に出ル事

六日

一　モロメギダラヲ祝事　同晩ニ七草切アリノ事

七日

一　同晩ニ鉄砲祝江罷出候コト

具足祝　餅　白酒　イタダキノコト

十一日　式アリ

一　元日出仕シ罷出ス人　此日出仕江罷出候事

次ニ普請始アリ

一　ハタケノヲコシソメアリ　山口祝ノトシなわ持□□（虫損）

十四日

門松送リアリ

一　トシなわサゲ　神仏江梅花上ルコト

一　タンゴ（団子）祝　アミダ　クワチン（観音）エ上ル

［参考］　具足餅　戦国時代以降、正月に甲冑に備えた鏡餅。十一日にこれを食べて祝賀する。鏡餅ともいう。

はがため　正月三ケ日の間、鏡餅・猪・麻・押鮎・大根などを食べる行事。歯は齢の意で、齢を固め長寿を願う心である。

てがけ　祝儀の時に客人に出す盛り物

十二月十三日の年木切りを始め、門松立て、仏・墓所参りから元日の若水迎え、山の口開け、寺社巡り、山祝いや七草切、畑の起こし初め、年縄さげなど、一連の行事への取組を知る上で興味深い。

宮崎県北部調査域（○印）
（平成10年現在の市町村境図）

これらの資料からは、現在にまで通ずる正月行事の一端をうかがうことができる。それらを念頭に置きながら、現在の正月行事がどう行われ、人々が何を願い、どう継承しているかをみていきたい。

正月行事に関しては、これまで、宮崎県史民俗編、小野重朗氏調査による『宮崎県史叢書　宮崎県年中行事集』をはじめとして、市町村史、あるいは個人研究等が多く刊行されており、多くの貴重な記録がある。このような中に、限られた調査地域と内容の偏りを痛感しつつ、記録を紹介することを御了解願いたい。ここに記していない市町村にも、貴重な正月行事が伝承されていることを、特に付け加えておきたい。なお、市町村名については、調査の時期から、以下は合併前の町村名で記すことにする。

一　正月を迎える喜びのかたち

(一)　注連飾りと門松

明治六年から新暦（グレゴリオ太陽暦）が採用され、以降、正月が一月一日という現在の形になった。それまでの正月は、旧暦（太陽太陰暦）を用い、月毎の十五日の満月となり、その年の初めの満月の夜を正月としていたとされる。[註1]

正月については、「元旦前後の方を大正月・本正月・大年・男の年取りなどといい、これに対して十五日前後の方を小正月・小年・二番正月・若年・餅の年越し・女の正月などといってよび分けている」（『日本民俗資料事典』より）という認識があった。

現在、県内では、大正月、小正月を念頭に置いて実施している地域もあるが、新暦による行事を行う地域がほとんどとなってきている。

○　正月を前に

正月の準備である正月仕舞いは、十三日頃から急に忙しくなる。その主なものは、歳の晩に焚く年ダロウ切りや、注連飾りと門松立てがある。また、餅を搗き、料理を準備し、家の内外をきれいにして年神を迎える。

正月を前に、人々はその準備に取りかかる。北川町下塚の小野忠幸氏は、正月の準備を、「亥の子餅をかるうて茸木を倒せ」という言葉で記憶している。地区の人々は、十月亥の子が過ぎ茸木切りが終わると、正月に焚く薪にする生木を、家に近い薪山で切り始めていた。同地では十二月二十五日を「山じまい」とし、正月一カ月分の薪を家に運び、門松に使う松竹梅と墓に供える樒、榊、ウラジロ、ツルノハ（ユズリハ）を山から採ってきて飾り付けをする。妻は、餅つきとおせち料理の準備にかかる。同町内多良田では、二十日を「山じまい（仕事終わり）」とし、二十八日を「年じまい」としてきた。十日間での正月準備は、大掃除や門松づくり、餅つきなど大忙しの日々であった。

三十日の夜、今年借りたもの、貸したもの、忘れ物はないかを振り返る。子ども達へも、「鳥わな、イタチワナ、トラバサミわなをはずせ」「三日以降にしかかけられないぞ」などと、注意した。同下赤では、二十四日に年木切りをする。同川坂では、大晦日に火のとぎにくべるトシダロウにする直径六、七寸ほどのクヌギの生木を一本切ってくる。餅搗きは三十日までに終えたが、二十九日は「苦餅で縁起が悪い」とか、「午の日は、火が危ない」と言って避けた。

西臼杵郡高千穂町では、十二日に自分の持ち山から径五寸ぐらいのカシかクヌギを年ダロウとして切り、戸口の柱に結びつけて立てて置き、火のトギとして大晦日に燃やせるように準備した。年ダロウを切った残りの梢はバイラにしておき、年の晩の御飯を炊く。年ダロウは実のなる木がよいといわれる。この日は、オサマリ正月と言って、山に入ってはならぬ、山仕事をしない日とされていた。（註2）

五ヶ瀬町でも、高千穂町とほぼ同じであり、餅は二十八日から三十日にかけて搗いた。東郷町では、二十日から三十日にかけて準備をした。年取りに使う「年取り箸」つくりもした。煤払いや室内の掃除を終えると、二十八日にはお供えをした。その場所は、神仏棚、大黒様、俵、台所などに、三つ重ねの餅を供えた。床の間には、ツルノハ、橙、三方に米を盛ってツルノハと橙を添える家もあった。西郷村田代では、家庭で飾る重ね餅であるトシネは、床の間、大黒様、歳徳様にあげる。

○注連飾り

注連飾りは、年神が家にやって来る時の範囲の目印とした。飾って祝うものは、家から離れた田小屋のような遠い外の方から、内へかけて飾る。屋敷内の、生活を共にした全てのものに飾る。倉、馬屋、養蚕室、風呂、便所をはじめ、クワ、鎌などの農具、農機具、臼や杵などである。室内では、年神様、仏様をはじめ、水神様や荒神様、大黒様などのお世話になっている神様を祝って祀る。

注連縄は、先代から子へ譲る所もあった。供える餅の大きさや形、数、場所などは土地によって違った。祝いもののトビは、輪〆とともに、各所につけた。

三十日には、注連飾りをする。それは、地域によって少しずつ違いが見られる。どこに、どんな飾りをするのか、また、その意味などについてみてみたい。

北川町内では、神仏、大黒、水神、竈の神様のほか、牛小屋、ナバ小屋、農具、カラウス等に餅と酒を供えた。上赤では、餅は三段重ねの丸餅で、大餅の下にウラジロ、中餅の下にツルノハ、小餅の上に橙を置いた。川坂では、床の間に丸い鏡餅を三段供える。大餅の上にツルノハを置き、その上に中小二段の餅、小餅の上に橙を置く。そのほかに、床の間、仏壇、神棚、大黒様（さん）、庚申様、馬屋、竈、水神様、カラウスなどに供える。

下塚では、飾りは、三十一日に行う。門松に、タラの木を添え、飾り付けをした。これは、魔よけとされた。

トビノコ米も供えた。戸主は半紙で御神酒すずを折り、それに米を少し入れ、穀物を入れるコクビツの上と田の神様に供え、家の内の神仏に供え、七日正月にはおろして、主婦がこれを預かり、田植えまで大切に保管した。

床の間には、大きな三段飾りの餅を供える。その他、神仏には二段重ねの供えをする。ツル、ウラジロ、橙も添える。山の神、水神様、炭窯の上にも供えをする。炭窯には、白紙の上にウラジロ、ツルの葉の上に餅を二段重ねにして供える。御神酒は竹で造ったカケグリに入れ、つり下げて各神々に供える。水神様にお供えする時は、盃になみなみとついで谷川に注ぐ。その時に、盃の底を水神様に見せて、残り無く差し上げたことを知っていただかないと御利益が少ないといわれていた。

多良田では床の間には、大きな二段重ねの丸い餅、間にユズリハ、上に橙を置く。神仏棚には、二段重ねの餅を三つ並べ、間にユズリハ、上に橙（小ミカン）を供える。端には、今年実った稲穂もあげてある。大黒様には特別に、大ボールにユズリハを敷き、大きな二段重ねの餅を入れて供えた。この餅は、十日にはおろして切り、十一日の朝、大黒様が田に出発される時に持っていって供える。

仏様や屋敷内のお地蔵様もきれいにし、榊、ツルの葉、梅の葉、松などを供えた。荒神様、水神様をはじめとして、農具、養蚕室、風呂や便所の神様などにあげた。「御神酒をあげます。来年もよろしく」。四方の神にも、「悪霊が来ませんように。安全に過ごせますように」と手を合わせた。

注連縄
（椎葉村日添）

山の神を
祀る

高千穂町では、三十一日を家の晩と称して、祝いモノ（トビ）をつくり、神仏や家具、鋤や主な農具、牛の鞍や牛小屋その他日用品などにつけて祝った。このほか、倉には三段の鏡餅をあげた。トビは「トビをひねる」という。米粒二十から三十粒を紙に入れてひねって頭とし、残りの紙を羽にして中にユズリハを入れて鳥の尾のようにし、麻糸で縛ったものである。トビは、正月の若木や若水汲みの際にも使うので、この時作って準備した。

椎葉村では、注連縄はトシナワといい、先代から子へ代々譲っていたが今は一年一年新しいのを張る。また、注連縄は倉庫、馬屋など、家の外から内へ向けて張っていく。三番目に、歳徳神を祀る。四番目は倉祝いで、倉に注連縄飾りをする。また、「祝いごと」として、クワやカマ、椎茸乾燥機、運搬車、耕耘機、田植機などの農機具にも祝いの飾りをつける。仕舞いをしたあとの夜に、トシマイリをする（氏神様に詣る）。

○門　松

神様を家に迎える門松には、松、竹、カシの木を主にし、注連縄をわたした背の高いものと、カシ二本に飾りをつけたものを左右に配する年木がある。また、屋敷内の各所に、割った節木を配する地域もある。それと、カシの木を年間の月数だけ組んで明き方に飾る月祝いや山祝いもある。地域によって違っているが、飾り物にも意味があり、縁起をかついだその伝承が生きている。

正月の神について、宮田登氏は、年神または歳徳神といい、空中を飛来して門口に立った松の小枝を目印にしてその家を訪れてくるという。(註3) また、同書では、「トシ神は、米の神、稲霊なのである。門松は、よく目につくようにと、青々とした常緑樹（常磐木）が採用されている。注連縄は、必ず張る。トシ神がこの家に留まっていることを明示する必要があったからだ」とも、述べている。

家を訪れる神を迎える印としての門松を、人々はどうとらえてきたのだろうか。その事例を、幾つか紹介したい。

①　北川町多良田

門松は、「年神様にお願いするための門」ともいわれる。三十日までに木戸口に立て、真ん中に入られるように左右に立てる。注連縄を渡し、その真ん中に御幣、そして、注連縄を一、三、五本に分けてつける。民家と違い、神社での注連縄は、七、五、三にして、神と人の区別をしているという。

門松は基底部を竹枠にし、フジカズラで結ぶ。モウソウチク三本を中心に、梅、松、ナンテン、ユズリハ、ウラジロを土にいける。梅は、冬に咲き、隠忍にして、苦しくても笑顔を絶やさぬ花。松は、長寿の象徴で、寒い時にあっても年中緑の色が変わらない。ウラジロは、大木の下に生える。雲、風、霜、艱難辛苦に耐える。裏が白いのは、正直を表している。正直に生きていくんだという心を教えてくれるもの。ユズリハは、新芽が出ても古い葉が落ちない。子が一人前になってからでないと、親は死んではならんぞということをみせてくれる。そのような意味が、門松には込められているという。

三十一日の夕方、「門松祝い」と称して、門松には御神酒をあげ、竹の最頂部にカズノコをあげる。これは、正月三ケ日間毎日あげる。早くカズノコがなくなればよいという。（治久丸春光氏談）

② 西郷村田代峰

門松は、直径が二〇～三〇センチぐらいのカシを切ってきて、二本一組にして、玄関の両脇に立てた。カシは五十センチほどあり、表面の皮を一〇～一五センチほど縦に削り美しい線の模様が見えるようにし、左右が対称的に見えるように並べた。それに、ツルノハ（ユズリハ）、ウラジロを添え、七、五、三のハカマをつけた注連縄を張り、米、昆布、塩を入れたトビガミをつけて祝う。この時供えた餅を、七日の豆粥に入れる。鏡餅の上には橙をつける。カシの表面の皮を剝ぐのは、小正月に火のトギにする際、早く乾燥させる意味もある。迫之内地区でも、現在までこのような門松が見られる。

東郷町では、「門松は杭を打ち、松、竹、梅の三種類を高さ一～一・五メートル基準に飾り、門口に注連縄を張って立てた。注連縄には、ウラジロ、ツルノハを結びつけた(註4)」

③ 諸塚村七ツ山小原井

門松は、姫小松の三段あるいは五段の幼木をマダケと一緒に立て、周囲にカシの木の手首程度を

各地の門松
①北川町多良田
②西郷村田代
③東郷町迫之内
④諸塚村七ツ山
⑤椎葉村竹之枝尾
⑥椎葉村戸屋納
⑦椎葉村利根川

立て、ウラジロをかけて門の両側に施設する。上部にマダケを渡し、頭上に木炭や干し柿、こんぶ等を和紙に包んでさげた。[註5] 七ツ山小原井で平成五年に見た門松は、次のようなものであった。若い竹（当年はクロタケ）の長いものを中心に据え、竹の頂上部にトビノコメをつける。トビノコメは、白米を包んだものである。トビノコメは、竹をわたした門松の右端にも下げ、四箇所に下げる。竹の支えるカシ木にマツを活け、ツル（ユズリハ）、ウラジロを添える。ハナシバ（シキミ）をあげる家もある。左右を注連縄でつなぎ、真ん中にトビノコメを下げ、ミカンをさす。その隣にユズリハ、ウラジロ、反対側にマツの枝を下げる。両端には内から三、五、七本のワラのハカマを下げる。この竹は、正月七日の夜に焼いて割り曲げ、門松を置いた場所に二本挿した。このヤキマゲは、田の苗田にも持っていってさすこともあった。（西村マチヨ氏談）

節　木（椎葉村戸屋納）

月祝い（椎葉村竹之枝尾）

注連縄は、十七畳の室いっぱいに張り巡らし、輪〆（輪の形をした注連縄）もたくさん作り、神仏や

仏壇その他、大黒様や厩舎、厠、荒神様や水神様などに飾り、御神酒も供えた。（註6）

④ 椎葉村竹之枝尾

竹之枝尾では、門松は三十日か三十一日に立てた。正面に大きな松の枝を立て、竹、シキミをつけ、ユズリハ、ウラジロを下の方に添えた。門松のほかに、月祝いをする。十二本準備し、十二カ月の月を祝う。カシ（この時はハトガシ〈アラカシ〉で作ってあった）とマダケを交互に組み、大の月を木で、小の月を竹で表し、長さを変えている。東の方に向けて立てて飾る。注連縄飾りは、三十日以降に飾った。神仏、納屋、牛小屋、乾燥室、稗倉、荒神様、水神様、便所など、一軒の家の形をしているもの、日頃世話になっている所には全部飾った。御幣とカケグリに入れた御神酒をあげた。注連縄は部屋の柱にも飾り、床の間飾りもした。（中瀬　守氏談）

○ 大晦日の風景

大晦日は、きれいに浄めた屋敷内に神様を迎え、感謝し、ゆったりとした雰囲気の中で過ごす。先ず神様に供え、それをおろして神様と共にいただく。同時に、先祖にも感謝と願いをし家族全員で年をとった。年ダロウが囲炉裏を明るくした。燃え方で占ったり、満潮時に年を取り終わると考える所もあった。

北川町多良田の治久丸春光家では、大晦日は、女性はお膳拵えの大きな仕事がある。男性は庭に箒目をたて、周辺をきれいに片付けて、早く仕舞いをする。それから、玄関の門松に御神酒をあげる。また、門松の竹の中にカズノコも供える。先祖に灯明をあげ、手を合わせ、「本年も、御先祖様のおかげで安全に過ごせました。誠にありがとうございました」とお礼を述べた。その後、家長が、家族の元気なことを喜び、協力して一年を過ごせたことへの感謝の気持ちを述べた。その後、子ども達も言葉を述べた。

年取りは、家族全員が座敷に年の順に並んで座る。隠居でも年長者が上座である。一人一人に本膳のお椀が並べられ、三つ重ねの盃で御神酒をいただく。お節料理には、煮染め（ニンジン、ゴボウ、コンブ、ダイコン、サトイモなど）、カズノコ、出世魚としてのブリを食べる。ブリは、年長からよいところをとり、切り身にして盛り分ける。山の魚は、正月には用いない。アユなどは、下る魚として縁起をかつぎ、戻るので結婚式には使わないとも言われていた。餅は、三十一日の午前中までは食べさせない。「年の夜に食べると、手足がさすらう」とも言われていた。温酒を飲み、ご飯を食べた。夜遅くなってから、ソバを食べた。運のソバといい、「いいことのソバに行く」などといって、願いをかけた。

上赤では、元旦には、音もさせてはいけないといわれ、三十一日には元旦の料理も作っておいた。川坂では、高膳にお頭付きの魚、刺身、煮染め、黒豆、なます、白和え等をつくり、床の間のある座敷で年取りをした。夜中に、ソバを作って神仏に供え、皆で食べるのは、下塚でも同じであった。夜には、主人の食べたお椀で、「お前たちも年をとれよ」と、牛一頭ずつにご飯をあげた。鶏には、白米を一羽に一握りずつ食べさせた。コイにも、お椀一杯のご飯を与えた。他地区でも、おかずや餅、あるいは、特別なものを作ってあげる所があり、年取りは、家族だけでなく、家畜にまで及んだ。

同町下塚では、囲炉裏に大薪をくべて大晦日に燃えやすいように準備する。大きなカシの木の先に火のつくまで焚いておく。矢ヶ内流域の村は、大昔から分家の時に分けてもらった火を消してはならないと言われてきた。火を消す時はその一家が破産した時だと言われるほど、火を大事に守ってきたという。

年ダロウ（椎葉村竹之枝尾）

高千穂町押方では、大晦日に年占いをする。年ダロウをイロリにくべ、その燃え方で本年の占いをした。五ヶ瀬町では、早く仕事を終わり、神棚や仏壇、家の内外を掃除する。神仏をはじめ、倉や馬屋、井戸などに御神酒をあげ、一同揃って表の間で年取りの膳につく。一年間の無病息災を祝って年をとり、遅くまで団らんの夜を過ごす。五ヶ瀬町の桑野内では、年ダロウで翌年の占いをし、凹んで燃えると吉とした。牛馬、鶏にも特別のエサを与えて年をとらせた。夜遅くまで起きている風習があり、寝る前には、「箸納め」といって、夜食をとり、ゆく年に名残を惜しんだ。（『五ヶ瀬町史』）

東郷町坪谷では、神仏の供えに使う注連縄を編んだ。ワラを七、五、三あて、元を揃えて出しながら結いあげ、床の間、仏壇、門口、竈、納屋などに張った。鏡餅は、二重ねを、床の間、仏壇、大黒さん、穀櫃の上に半紙を敷き、ウラジロ、ツルノハをのせて供え、餅の上に橙をのせた。床の間の鏡餅には、周りに家族の数ほどトシダマ（小餅）を供えた。年の晩は、年ダロウに火をつけ、火を焚いて明るくした。年取りには、必ずお頭付きの魚が選ばれ、鯛のほか赤ものをつけた。数の子、カナンド、年そば、ゴマメ二匹、鶏、煮付けなどのご馳走があった。（註7）

諸塚村では、十二月末に、薪山からカシの木を一人で背負う元木を持ち帰り、年の晩から前年の燃え残りと一緒に一間イロリで燃やし、我が家は永久に絶やさないという縁起をかついでいた。（註8）

西郷村では、神様の前に年長者を先頭に家族一同が向かい合わせで座り、「今年一年が無事でよかった。よい年取りをしよう」と言いつつ膳に向かった。家族だけによる年取りは、イロリの火が燃えて温かく、酒を酌み交わし遅くまで話していた。年ダロウは小正月の火のトギにもする。カシは堅木であり、燃える具合もよいので、火のトギにもよかった。「早く燃えた方がしまいがよい」という言い伝えの願いにも叶った。

昔から、「満潮に年をとる」といわれた。満潮をサッシオと言い、満潮が来ると、年を取り終わると言った。家建てでも、満潮を大事にした。「家建ては潮がサッシオであり、サッシオが零時だから棟上げを零時にする」と、決めていた。除夜の鐘が鳴る前に年越しソバを食べ、除夜の鐘が鳴るとすぐに、霧島六所大権現様にぞろぞろお参りした。昔は、太夫さんが来るまでに、火を焚いて

待っていた。現在は、朝早く山に上るように変わってきた。（川村半三郎氏談）

（二）元日からの行事

○元日から二日

元日は、宮詣り、若水汲み、若木切りが大半の所で行われ山の上での元旦祭もあった。朝祝いをし、歯固めを食べ、祝いの膳についた。宮詣りに、裸で注連縄をかけて願かけをする地区もあった。若水汲みは、男、女いずれの所もあり、元日早朝には挨拶もせず、物を言わずに済ませた。また、若水は神前に供え、福茶にして飲んだり、雑煮を炊くなど、新年の水としての意味を持たせている。若木切りは明きの方を向いて切ったが、当日持山から切り出したり、前年に大きいのを切っておく場合もあった。その方法やしきたりは地域により違いがみられる。二日に行うものには、若飯、若風呂など若をつけた。

①高千穂町・五ケ瀬町

高千穂町三田井では、元旦の未明には、「若水汲み」に行く。主婦がトビを柄杓につけ、井川（イゴー）に行って、新年の水を汲み上げる。トビの中の米粒を落とし、その落ち具合で年を占う。真っ直ぐに落ちれば、豊作という。「あらたまの　年の初めに杓とりて　よろずの宝我ぞ汲み取る」と、言葉を述べて水をいただく。持ち帰った水は、水神様へあげ、沸かしてお茶を飲んだ。

男性は、門松代わりの若木を切りに行く。正月霜を踏み、トビをつけたナタで三~四メートルのカシの木を山から切ってきて、庭に立てる。カシの上部には葉を残し、そこにトビをつけた。明き方を向いて切る際に、「あらたまの年の初めに鋸とりて　よろずの宝我ぞ切り取る」と唱えた。

元旦の朝は、「朝祝い」と称し、家族が揃って祝った。米を高膳に盛り、ユズリハ、ウラジロをのせ、干し柿やかち栗を上げていただき、酒も飲んだ。二日から五日の間を「仕事の口あけ」といった。畑に行き、トビのついた鍬で二、三回すいて、「鍬入れ」をした。戦前から戦後にかけては麻づくりが盛んであった。それで、畑にトビをつけた麻がらを立て、虫にかからないように祈願した。仕事始めとして、薪運びや刈干し運びをして、午後は休みであった。（鈴木由春氏談）

五ヶ瀬町鞍岡では、除夜の鐘を聞くと、すぐ家を出て氏神様に参る。若水汲み、若木切りも行っていた。家族一同が集まって新年の挨拶を交わし、「歯固め」の干し柿を食べる。祝いの膳につき、祝い酒（屠蘇）や雑煮で祝う。（中略）ユズリハ一枚に、半紙に包んだ米粒を包み、自在かぎの緒にくくりつける所もある。初詣での際、昨年願掛けをした人などで裸参りをする場合は、腰に注連縄をつけて行き、お宮の柱に結びつけて帰る。その場合、男は左、女は右の柱の区別がある。（『五ヶ瀬町史』）

二日の早朝には、「鉄砲の口明け」と称して、猟師が鉄砲の音を響かせた。また、「太鼓の口明け」として、神楽を舞う人たちが、太鼓を叩いて稽古始めとした。この日は、引き緒づくりをした。わらで巾着型やひょうたん型など、縁起のよい形に綯い、農家のなげしや柱などにかけた。この引

き緒は飾っておき、田植えの時に使った。（西川　功氏談）

② 西郷村

峰地区では、十二時過ぎに、半紙を一枚持ってユノコに若水汲みに行く。「若水迎えに来ましたが」と言って明き方を向いて水を汲む。それを沸かして、神様に供える。ユノコに行って帰る頃に、初びかり（新年に集まり年間のことを相談する会）をすることもあった。また、若木切りには、米を持って行き、米を撒いて明き方を向いて切る。切った人が臼に供えると、トシネをもらえる。若木は、小さくて長いのを、ビューン、ビューンするのを肩に担いで持ってきた。この若木は、屋根に投げかけておき、これをとっておいて、田植えのオコアを蒸した。

正月の日の出を山上で見る「元旦祭」は、特色的な行事である。元旦祭用としての供え用魚、ミカン、塩、麻苧、祓えぐし、野菜など、七〜九種類を準備する。村人は早朝に権現山の神社に上り、岩に座って御来光を拝む。山上の神社では、神楽が舞われる。餅を撒き、御神酒をいただく。村人は、その後、お稲荷さんや愛宕に詣る。正月には、歯固めを食べ、雑煮をいただく。二日は、「若膳」をした。一人一人に、ご飯、汁、煮染め、白和え、膾《なます》か数の子を入れた五つの椀を置いた膳がつく。若膳では、神様の前に、家長を先頭に向かい合わせに座った。膳は、年取りの日から毎日、少しずつ内容を変えて出された。二日は、「若風呂」に入った。

③ 北川町

多良田では、夜明けに近くの氏神である瀬口神社に行く。その際、出会った人にものを言わない、口をきかないという習慣があった。この事例は、五ヶ瀬町にもあった。若水汲みの際も同様である。若い頃には、起きてからすぐ行けるように、各人が自分の着物を枕元にたたんでから休んだ。出かける時には、ものを言ってはいけないとされた。氏神様に、「昨年はお世話になりました。今年もよろしくお願いします」と祈り、自分の思いも合わせて祈願した。

元旦は、明き方に全員の膳を並べた。元日は、雑煮だけを炊いた。正月は、掃きだしてはいけないといって、掃除をしなかった。親戚中や分家の人、親しい人がやって来ると、新年の挨拶をした。御神酒をあげるうちに、宴会になることもあった。

二日は、若水汲みに行く。主人が、桶、柄杓を持って出かける。水は水神様にあげ、神仏にもあげた後、全員がいただく。午前中には風呂を焚いて、「若風呂」に入る。また、この日のご馳走を、「若めし」といい、ご飯にアズキを入れた豆粥を作って食べた。二日は、「切り初め」（仕事始め）として、明き方へ向けて、ナタで木を切る真似を三回する。また、明き方へ向けて、クワを三回打ち込む。大安の不浄日にはせず、暦の上のよい日を選んで行った。

川坂では、元旦に起きると明き方（歳徳神）を向いて祈り、御神酒をいただいた。正月は、朝祝いをした。床の間に家族全員が揃って座り、大晦日に供えた御神酒を神様からいただいた。膳の内容は、ご飯、味噌汁、白和え、魚などで、昆布を入れた雑煮も食べた。

④　**東郷町**

山陰では、氏神に初参りに行く。若水汲みは、明き方に向かって新しい柄杓で水を汲み、その水をわかして神仏に供えた。正月は、餅に青切昆布を入れた雑煮を炊き、神仏に供えて家内中でいただいた。親族でお世話になった家に、年始参りに行った。「結構な春になりました」と、新年の挨拶をした。年始の品には、手拭いや足袋を贈った。二日は、「若めし」で、正月料理を作って家内一同膳についた。また、この日は、「山の口あけ」で、山に行って木を切ってきた。このほか、「鍬入れ」の日でもあり、田、畑に行って鍬で打った。「初狩り」だとして、兎狩りに出かけ、獲物を肴に、新年会をする時代もあった。それから、「初びかり」の日でもあり、青年男女が集合して、一年中の申し合わせをした。

坪谷では、元旦の朝零時には、「鉄砲の口あけ」として、年明けを祝い、空砲を撃って知らせた。「若水迎え」により、明きの方を向いて水を汲み、若水で雑煮を炊いて食べた。ご飯は炊かなかった。正月は寝正月といい、ゆっくりと休んだ。掃除は、福の神を掃き出すといってしなかった。また、この日は金を使わない。近所には、挨拶回りに行った。二日は買い初めとして、町では早朝から店が開き、たくさんの人が出て、福引きの景品などもあたった。この日の朝、掃除をした。初びかりの日でもあり、みんなが集まって初祈禱をし、世話人決めや入会の承諾などをし、後は酒盛りをした。三日は不浄日で、休んだ。四日は山の口あけで、タキモン取りやカルイ出しをした。（註9）

⑤　椎葉村

竹之枝尾では、二日に若木を立てる。木はカシを使ったが、スギも使った。若木は、高さ一〇メートル以上のなるだけ大きい材を十二本立てていた。二日には切り出せないので、年末に切って

[表2－1] 元旦から二日の正月行事の各地の名称、実施日

	若水汲み	若木切り	仕事始め	初びかり	若膳・若飯
北川町	二日	切るまね	二日	七日	二日
高千穂町	一日	一日	二日		
五ヶ瀬町	二日	二日	二日		
東郷町	一日	二日	二日	二日	二日
西郷村	一日	一日	四日	一日	二日
椎葉村	一日	二日	二日	松尾一日	

若　木（椎葉村臼杵俣）

おき、二日の朝暗いうちから立てた。また、早く切っておくので、先端にはタブサというスギの葉をくくりつけて緑を残した。若木は、人に負けぬようにと競争で早く立てていた。昔は、山に行けばどんな木でもあった。

トシギも、二十六本を切っておいた。トシギは、門松と家の柱にあげた。トシギの上には、モロメギとダラを割ってのせた。ダラには棘があり、ザラザラしているので鬼の舌といい、魔よけになった。トシギは十三日までとっておき、荒神様の所に持

っていった。（中瀬　守氏談）

＊　　＊

若水汲み、若木切り、仕事始め、初びかりに関しては、その名称や実施日が様々である［表2―1］。

○三日から十三日

十三日までの間は、六、七、十、十一日を除けば、それほど大きな行事は見られない。三日は、ほとんどの地区が不成就日として休みである。

六日、七日は、正月も一週間目である。六日どしに注連飾りを焼き、六日塩をなめる所もある。本格的には、七日どし、七日正月として、七草粥を食べ、注連飾りを焼き、その火で豊作占いをし、ヤキマゲ等を作って魔払い、虫除けの祈願とする。粥には、七草を入れるものがよく知られるが、小豆粥や餅を入れる場合もある。鬼の目のはしらかし、ドンド焼き等は、火の神聖さに願いを託したものである。この日、田畑では、鍬入れや畑祝いも行った。

六日　北川町多良田では「六日どし」と称し、正月飾りを焼き、作占いをする。午前中に門松をとったあと、マメダラを主人が二本切ってくる。タラにはトゲがあり悪魔除けの願い、マメには達者で働けるようにという願いがある。マメダラを火にくべる時、「米」「麦」と作物の名をいい、パチッ、プチッ、シューッという音で今年の作を占う。ダイズやアズキも占う。二回くべて、いい音がした方をとる。いい音がすると、「今年は豊作じゃ」と喜んだ。

高千穂町では、「六日塩」と称し、神社に詣で、塩をまき、それをなめると健康になるといわれている。（『高千穂町史』）

七日　正月から一週間、この日に行事を行う所は多い。北川町では、七日正月、七草がゆ、七草雑炊などの呼称がある。大正十五年の『北川村郷土誌資料』には、「雑炊を炊き、食シ、半日位休養ス」とある。多良田では、豆がゆにし、ご飯にアズキを入れたものである。近年は七草がゆに加えて、ちらし寿司、五目飯などを作る地区も多い。上赤、下赤、祝子川では、仕事をせずに休みの日としている。

高千穂町では、「笹入れ」と称し、山からダラの木を切ってきて神前に供える。また、「七草雑炊」を作って食べる。神前に供えたトビの米や餅の他、芋、大根などを入れて炊く。七種とは限らないが、必ず川セリだけは入れなくてはならないという家もあった。（註10）

三田井本組では、「鬼の目のはしらかし」の行事を継承している。荒立神社本殿においての神事・祈願の後、注連縄を張り、御

はしらかした竹の魔払い（高千穂町三田井）

幣を配した神社西方の田においてはしらかしが行われる。以前は、家の近くの辻で火を焚いていた。悪魔払いや虫除け祈願であったが、無病息災、豊作祈願も込められている。竹を火にくべ、湯気が出てきた頃合いの竹を、近くの石や固いものに叩きつける。百本以上の竹が立てかけられている。「パーンッ」「パパーンッ」と、かん高い音が上がる。この竹は、世話役が適当な長さに切り、荒立神社の印を押した和紙にくるんで本人に渡す。竹のはしらかしが終わると、焼いた竹を十二本に割り（閏年は十三本）、一本ずつ先端を土にさす。丸く外へ枝垂れさせ、一カ月ほど畑に立てておく。(註11)

鍬入れ（東郷町迫之内）

鍬入れ（西郷村田代）

鍬入れ（椎葉村利根川）

[表2－2] 正月十～十一日の各地の行事

	北川町	高千穂町	五ヶ瀬町	東郷町	西郷村
鏡開き	○	ぶそく開き	ぶそく開き		
恵比須祝い	○				
十一日ドシ	鍬入れ			鍬入れ	畑祝い
帳祝い	○	○	○		
田祝い	○			○	○
太鼓の口開け		○	○		○
笛の口開け		○	○		

五ヶ瀬町でも、高千穂地方とほぼ同じの「七草雑炊」「七日正月」「鬼の目のはしらかし」等の行事伝承が見られた。「笹入れ」は、竹の葉とダラの木を神棚に供える地区もあった。

東郷町坪谷では、「七日正月」と称して、門口にダラの木とモロメギの木を飾る。夜に、モロメギの葉を火にくべて豊作を占った。また、「七草粥」の日として、七草雑炊を食べた。この日は、神主さんのお祓い、角力があり、門川方面からも来て賑わった。(註12) 迫之内では、「鍬入れ」を続けてきている。鍬にユズリハ、注連縄、トビノカミをつけて苗代田に行き、明きの方に向かって、三回鍬を打つ。御神酒をあげて、「今年も、一年間稲の豊作をお祈りします」とお願いをする。

西郷村田代では、七草雑炊はせずに「豆がゆ」を作った。供え餅を下ろし、アズキを入れておかゆにし、神前に供えた後、いただいた。また、この日は、六日に下ろした正月飾りを家の前の十字路で焼いた。「畑祝い」の日でもあり、ツルノハとウラジロを持って畑に行き、明き方を向いて鍬を打ち、御神酒をあげた。

諸塚村七ツ山では、七日の日にドンド焼きをする。正月に飾ったものをみんな焼く。集落の人がみんな集まって、この時に餅なども焼いて食べる。男の人たちは竹で酒をわかし、カッポ酒にして飲む。焼いた竹は割り曲げ、切り目を入れて組み、ヤキマゲを作って元の飾りの場所にさす。道端や田の苗田にさすこともあった。

＊　＊

十～十一日は、どの市町村でもそれぞれに行事が行われていたと思われるが、手元にある資料では前ページの［表2―2］のようなものである。

㈢　各地の正月の事例

ここで、椎葉村内の三地区の正月の事例について聞き取りをもとに紹介したい。大方の正月の流れを感じていただけると思う。

事例1　椎葉村利根川地区（平成二年一月　那須恒平氏）

三十一日朝は、まず門松立てをする。次に、注連縄を張る。注連縄はトシナワといい、先代から子へ代々譲っていたが、今は一年一年新しいのを張る。また、注連縄は倉庫、馬屋など、家の外から内へ向けて張っていく。三番目に、歳徳神を祀る。四番目は倉祝いで、倉に注連縄飾りをす

山祝い（椎葉村臼杵俣）

る。また、「祝いごと」として、クワやカマ、椎茸乾燥機、運搬車、耕耘機、田植機などの農機具にも祝いの飾りをつける。仕舞いをしたあとの夜に、トシマイリをする（氏神様に詣る）。歳の晩のご馳走は、トシメシである。昔は、煮染め、酢の物、吸物があった。吸物にはソバを入れ、シシ肉も入っていた。女性は二十六日から、煮染めに入れるトーフづくりやコンニャクづくりに忙しかった。

また、山祝いを作り、明きの方に向けて置いた。荒神さん、水神さん、タジンさん（田の神さんは個人で祀っていた）にカケグリに入れた御神酒とトビノカミと餅をあげ、「年詣り」もこの日に終えた。

元日の朝は、猟師が鉄砲を撃つ「山の口開け」で明ける。早朝には、若水迎えと若木切りに行った。若水迎えには、戸主が行った。トビノカミをつけたカケグリに御神酒を入れて、水を汲む場所に落とした。「今年も一年、よろしくお願いします」と言い、水のもとくちに米をまいた。「よろず世の　福は我こそ汲み取り　アブラウンケンソワカ」と、唱えて水を汲んだ。福は手探りでつかむといい、汲む方を見ないで、タンゴ（水桶）に汲んできた。途中で人にあっても、物を言わなかった。若水は、神様に供え、朝の福茶に入れていただいた。

若木にする材は、シャカキや葉の黒いクロギなどで、カシでもよかった。若木は、奇数の数を切ってきてあげた。当年平成二年は大小三本、太いのと細いのが立てられていた。男の人数だけ切ってきて立てる地区もあった。切る時は、仕事始めでもあるので、明きの方に向けて切った。枝は切り落とさないようにし、ハズで止まるように切らねばならなかった。年木も同じように、ハズに切った。三本の木は、東の方が低く細く、西にかけて次第に高くなり、太陽が上がるように逆昇りにするのをよしとした。木の先端には、米粒を挟んだトビノカミをつけた。東にはユズリハ、西にはハナ（樒）をつけた。

二日は、若風呂である。朝起きると、すぐに風呂に入った。倉祝いもこの日に行う。年末に出して袋に入れておいた歳米（トシマイ）を背負い、新年に倉にからいこむ。倉は、明き方に向かって開ける。鍬入れもこの日に行う（十一日に行う所もある）。倉に祝ってあったトビノカミを持ってきて畑に行き、種籾をスゲで作ったタネテゴに入れて出してきて撒く。明き方に向かって、「今年も豊年万作で、……」と言って撒く。米やダイズを撒く時も、こう唱えた。親の代には、櫃祝いをしていた。正月五日間は、櫃を開けてはいけない。入れるのはよいが、お金も出さないといって、必要なお金は年末に別の所に入れていた。

三日の不成就日（フジョウニチ）に、取り込みといって金を取り込んで入れなければいけないといわれていた。この日は、やり遂げることならしてもよいがやり遂げられないことはしないといわれた。

六日は、モロメギ祝いをする。ダラの木は鬼の骨ともいう。ダラの木を切り割って、モロメギと一つの飾りにして、お釜様にあげる。

七日は鬼火たきである。鬼の骨も焼きつくすという。ダラもモロメギも、注連縄や年木など全ての物にかけていた。それらのダラの木も持ってきて焼く。九日は帳祝いである。ソロバン祝いともいう。新しい大福帳を作ってこれから使えるように準備した。十三日は、コドシ用の餅搗きをする。この日には、コノミヤジョウの餅をさす。

十四日は午前中に、門松祓いと称して注連縄や飾りをおろして焼く。それが終わると、コノミヤジョウづくりをする。コノミヤの木に、餅をさし、トウキビザヤをさげる。また、柿の木に柳餅やイモをさしてかざる。十四日の夜は、モグラ打ちをする。子どもたちが、「ぽってりヒヨドリホーイホイ」と言いながら、カシの木に藁をフジカズラで巻いたもので、地面を叩きながら各家を回った。終戦までは、十七、八の青年がやっていた。モグラ打ちを兼ねて鳥追いもしているのだという。

十五日は、小正月。そして、十六日は山の神祭りがある。現在はしていないが、二十三日は、二十三夜のサネヤさんといい、酒盛りをした。二十四日は、地蔵祭りであり、集まって酒盛りをした。二月一日は、太郎朔日である。この日は、「のべちゃいかん」（伸ばしてはいけない）といって、旧一月二十九日だったが、今は新暦のこの日に注連などの取り払いをし、その後全部を焼く。これで、正月は終わりとなる。

事例2　椎葉村日添地区（平成三年一月　椎葉秀行・クニ子氏）

二十三日には、トーフを作った。「トーフドシ、餅ドシくいがかり」といい、このドシのつく日には、おなかいっぱいトーフや餅を食べることができた。正月用のトーフは、一回に十丁作れる十丁箱で作っておいた。二十四日からは、正月に食べるものの準備にとりかかった。米を搗いたり、ソバや粉などをはじめ野菜その他のものを揃えにかかった。二十五日は、煤払いをした。煤竿で仏様の部屋などのほか、居間、台所や炊事場、土間などの煤とりをした。薪で火を焚くので、煤が多くついていた。

二十八日には、餅つきをする。トウキビやタカキビは水に戻しておいてから、唐臼で搗いて篩って粉にしておく。トウキビには餅米を入れて餅にする。箸かきとトーフ串づくりは、餅がむれる間や餅をちぎる間に男性が作った。

三十一日はトシの晩、注連飾りをし、鏡の餅をあげる。全ての部屋に注連縄を張り、仏様、大黒様、火の神様、倉の神様、米を入れる倉庫、便所、馬屋、踏み臼や縦臼、農具、現在は耕耘機など、全てに注連縄、トビを飾って祝った。門松は、ずっと親の代には、大きな松を二本切ってきて玄関に飾っていた。しかし、近年はしてない。注連縄には、米を包んだトビゴメ、ユズリハ、クロギバナをつけ、一間ごとに御幣となる半紙をさげる。男性も、水神さんに荒神さん、竈の神の飾り、ハナとり（ニゴリバナ、榁と若干違う）ツルノハとりをした。家畜にも餌をやるので忙しかった。この日に、「かみどの祭り」をする。山の神様、荒神様を祀る。「本年中の願のごじょうぜ（成就）を致し申す。来年も相変わらず　家内安全　牛馬繁盛　五穀豊穣　おん守りやってたもうれ」と唱え、御幣をあげ、御神酒をあげる。みなくち（水口）にある水神様も祀った。

夕方からは、火のトギをくべた。燃える木の頃合いを見て、よい味噌をシャモジで一つ分ぐらい持ってきて火のトギの上に置いて焼いた。夜通し味噌が焼けてよいにおいが広がった。貧乏神など悪い神がくるので、こうするとやってこないといわれた。火のトギは二本つきあわせて切ってくるもので、「燃えんでも火のトギ」といって、火のトギにともに置くといった。五日間は焚き続けるといい、家の中は全体に煙がこもってはうので温かかった。

元日には、若水汲みをした。トビ米を枡に残しているので、早朝に起きて、タンゴと柄杓とトビ米を持ってフネゴー（水場）に行った。松の木が埋まった六尺のフネがあった。フネにトビ米（稗と米）を撒き、沈まないうちに三回（みしゃく）汲んで掬《すく》わなければならなかった。その時の唱えは、「朝起きて　東窓開け黄金の手酌を手に取りて　この世の宝を我れぞ汲み取る　我れぞ汲み取るアブラウンケンソワカ」と言った。杓は早い時間に汲めと言われた。

元日は、「歯固めだから何でも食べなければいけない」と親は言い、干し柿の串にさしたものを五つぐらいずつ子どもにわたたし、かち栗、漬け物類は梅干しまで何でも食べさせた。元旦は年始もせず、家にいてゆっくりと過ごした。家の中からは、決してゴミを掃き出さなかった。

二日の朝は、若風呂に入った。男性は朝早めに入ることがあった。しかし、女性は客も来るし、若木切りや鍬入れなどと忙しく夜になった。トーフを焼いたり、煮染めをしたり、イワシなどを料理して出した。また、この日は、仕事のしぞめである。山の口開けともいう。早朝に明き方の山に行き、柴のついた真っ直ぐな木を切ってきて庭に立てる。若木を山に切りに行く。行ける人はみんな行けといい、明きの方を見て若木を切ると、雪の上をぞろぞろと家まで引いてきた。この日は、鍬入れをして鍬の使い始めをする。畑には畑のトビ米を、田には田のトビ米を供える。種蒔きもする。「これより明き方へ向かって撒く種は、根ぶとく葉ぶとく虫けらもくわんように　一粒万倍千俵　おおせつけあってたもれ」と、唱えて撒いた。

　また、この日には、農作業に使うヒキオの綱綯いを必ずする。スキ、マンガを引く縄を編み、できたものはよい具合に丸めておき、柱にかけておく。お客さんも来るので、この日はとても忙しい日である。二日はまた、親元に挨拶に行く日でもあり、忙しかった。

　三日は、不浄にちといって、休みだった。祝い込めてあるからと、お金も使えなかった。衣服も、簞笥に入れておいたものを新たに出すことはできなかった。

　六日は、モロメギ祝いをする。

　七日には、三本道口（三叉路）で鬼火焚きをする。ハチクを焼き、パーンッと音を立てて竹がはしると、「鬼の首はこうねじれ」と言いながら竹をねじってヤキマゲを作った。竹の節が割れてからねじるのと、はしったあと丸のまま曲げて作る方法があった。その火で、餅を焼いて食べたりした。焼き曲げた竹は、田や畑や山などに立てた。

十一日は、十月初亥の子に帰っていた大黒さんが山に行く日である。農家ではこの日は、鏡開きをして祝った。また、商人は帳祝い、金を貸す人は証書祝いといっていた。

十四日には、メアジョウを御先祖様と一間一間にあげた。また、大黒様とか火の神様、水神様にあげた。これも、屋敷内の神様や生活の場所全てにあげた。また、ネズミが悪さをしないように、ネズミジョウにもあげた。寒の餅は長持ちするのでたくさん搗いて、あちこちに供えた。そのほか、神社とか馬頭観音などの地域の神様にもあげた。どこの場所でも、

メアジョウ（椎葉村日添）

すでに上がっているので、前の人のをとって自分のをあげてもよいとされていた。

向山地区一帯では、メアジョウを十四日に作って供えた。トウキビは主食であったが、これは供えなかった。主食としてのトウモロコシを天井にかけるには、一本が一間（一・八メートル）の竹が五本必要になる。一くびり七つが一間といわれ、一間の竿に五本一束にして七くびりかけた。当家は八間あるので、四十間もさげるほどたくさんトウモロコシを収穫していた。トウキビで天井を張ると言われるほど、この時期、天井にはみごとな姿でびっしりとかけられていた。

祭りの時には、日当、日添、追手納各集落分各一本の御幣を切り、注連縄を綯《な》って、神社の木に結びつけ、モリギ（守り木）にあげた。トーフを新年に初めて作った時は、倉の外壁に供えて、「山

ババジョウに若ドーフを上げ申す　たもってくれめせ」と唱えて祀った。

十四日の年の晩には、ご飯を食べなかった。昔は、家長が大きな丸盆に餅をたくさん入れておき、大人にも子どもにも餅をわたす。そして、餅を生のまま、大根おろしをつけて食べた。また、大鍋に、大根、人参、ゴボウなどを入れて煮た汁物も一緒に食べた。この晩は、餅を大根といっしょに食べるものだと言った。十四日の夜には、モグラ打ちがあった。

正・五・九月の十六日には、山の神を祀る。材木業者、建設業者など、人を使う人が祀った。榊、山の神の御幣をあげ、柏手を打って祈願をする。この日は、人夫さんを呼んで飲食をした。これは、仕事に関係する人々だけのものだった。この時だけでなく、季節の仕事で共同作業をした時などには、親族・縁者を呼んでトーフやソバ切りなどを共同で食べ、感謝と祈願の気持ちを込めて山の神祭りをした。自分の持山なので、内々の会食であった。

二十日は、ハツカ正月だった。秋節を謡いながら、サゲテゴにヒエをちぎる格好をしながら入れたという。二月一日は、「太郎が一日、何にもない」といい、正月は終わりである。

事例3　椎葉村松尾地区（平成二年一月　奈須茂松氏）

正月の準備は、十八日頃から始める。餅米をついたり、薪をとったりした。餅米は唐臼での籾搗きから始める。餅を一軒で三、四斗もついていたので、準備も多くかかった。

大晦日に火のトギにする年ダマを切りに行った。年ダマは今年の火を消さずに来年に持ち越すための大きな木で、一間囲炉裏と大きかったため、木も直径が二〇センチ、長さが一・五メートルもあった。その下半分の裏の皮を剝ぎ、飾りつけて年ダマにし、先の方から焚いた。年ダマは夕方からくべはじめ、正月中あった。一日中くべるので、四、五本、年ダマを切った。家によっては、大晦日にくべるのと餅年にくべる分を二本切る所もあった。燃え残ったものは、まじないとして床の下に置いた。

正月の準備は、戦前は、神門に市が立ち、駄賃つけが松尾から出かけた。数人の駄賃づけが、カジの皮、炭を積んでいき、帰りの馬で一斗瓶《がめ》の焼酎、干し魚などの依頼された正月の品を運んできた。また、米、味噌、醬油、砂糖なども駄賃つけの人に頼んだ。海の魚は塩鰯、鯖のほか、鰤などを買った。

門松は、二十八日の朝から立てた。松の木の枝が三段から四段あるものを切り、カシの棒を両端につけた。それに、笹のついたニガタケを立てた。注連縄を張り、それにトビノカミ、コンブ、ユズリハ、ウラジロを挟み、一、五、三のハカマをつけた。

正月飾りは、外から中へと祝って入った。山の田の作小屋として使っている田小屋をまず祀り、次に、樋で水を引いている水口の水神様に、それから、墓にも上げた。屋敷内の唐臼、ナタ、クワ、ヨキ、馬の鞍などの農具関係や馬小屋なども祝った。外の祝いが済むと、室内を飾って祝った。座敷をぐるりと回り、床の間も通した。注連縄には、一間に一つずつ、トビ、ユズリハ、ウラジロ、ヒゲ（ハカマ）をさげた。床の間は、最後に祀った。鏡餅を二段重ね、葉つきの橙をあげた。

年取りは、家内中で、静かに行った。家長から子どもへ、酒をついで回した。三十一日の晩に、猟師が二連発の銃を撃っていた。

正月の膳には、煮染め、吸物、酢の物が必ずついていた。

元旦には、朝起きて、若水を汲みに行った。除夜の鐘が鳴ると、人より早く宝を汲んでくるといい、天秤にタンゴをさげて行った。明き方を向いて家を出るとよいといわれた。明き方は、牛の寝ている方が明き方だと言われ、牛小屋に行って確かめてから出かけた。まだ真っ暗な水場で、松のクリブネに溜まった水を柄杓で汲んだ。何か唱え言を言って汲んだ。持って帰った水は、初穂（ハツオ）の笹の葉で、家の竈や土間の部分などに唱えながら振ってまいた。また、湯を沸かして神仏にあげた。

二日は、山の口開けである。山の神にことわりを言って、山へ入る許しをもらい、仕事始めとした。どの家も薄暗いうちに明き方の山に行き、担げるほどのカシの木を一人が一本ずつ切った。屋敷続きの山だから、子どもたちもみんな連れて行った。「年の初めに、松竹立てて　宝を祝い祝い込む」と、大きな声で歌う年寄りの声が、山の中から聞こえていた。先端の葉を残して持ち帰り、家の軒に立てかけた。年の晩にヨキにつけたトビノカミ（輪になった〆縄）は、はずしてカシのてっぺんに結わえた。この時とったカシの木を、子ども達は鳥追いの時の棒に使った。

元日は「初びかり」の年頭祝いをする。この日は、各家が料理を重箱に入れて持ち寄ってきた。その年の座は、家普請をした家と決まっていた。午前十一時頃から、顔合わせをして一緒に挨拶をした。それで、各家を回ることはしなかった。嫁いだ人が正月に親元に帰ってくる時には、大きな鏡餅を風呂敷に包み担いで持ってきた。昔は、トウキビモチにしたものだった。

三日は、鍬入れをした。朝早く起きると、苗田にする予定の田に行く。所有田のうちの一箇所だけの田に行き、その真ん中辺りにユズリハを立て、ウラジロ、輪〆、トビノカミ（米と、コンブ・干し柿を刻んだもの）をかけて唱え、手を合わせる。これをしないうちは、クワも使えないと言った。

七日には門松を倒した。門松のあとには、カシの木を残し、モロメギと割ったダラの木をこれに立てかけた。ダラの木はトゲがあり、悪魔払いになる木とされる。この日は、「焼きだし」として、正月以来初めて外で火を焚いた。注連縄などの飾りは、水場で、村の人が御神酒をあげてから焼いた。松の木は皮をはぎ、粟の穂やトウキビの皮をはいだような形に削り、下げられるようにして大黒様の所にくびっておいた。また、ニガコ竹を切ってきて、パチパチはしらせる。景気よく「ハシル」と、豊作になるといった。この火でその時に、竹でヤキマゲを作った。ヤキマゲは虫除けになるので、丸竹で三角形のヤキマゲを作って、野菜畑や麦畑にたくさん立てた。

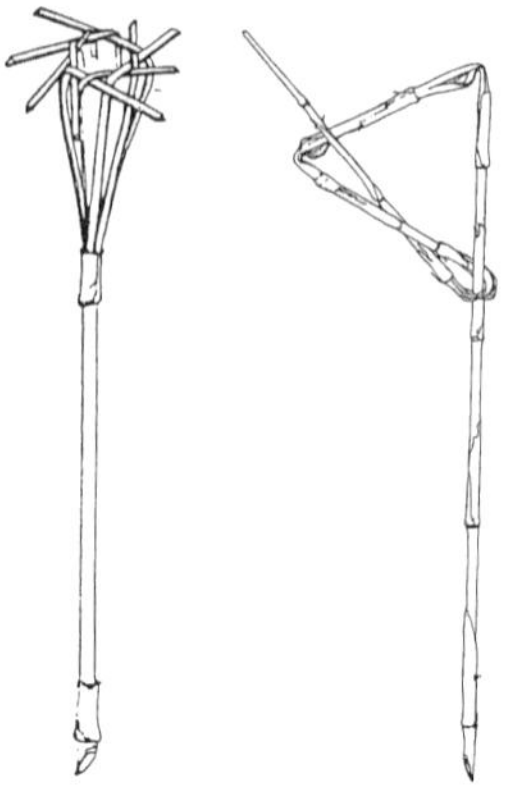
ヤキマゲ（左：椎葉村戸屋納・右：松尾）
（「日向の山村生産用具」
宮崎県総合博物館編より）

このほか、「七草雑炊」があった。この日までは、雑炊は食べないとされてきた。

十四日は、小年（コドシ）、小正月である。餅は、紅、白、アワの三色を搗いた。アズキ餅も搗いた。エノキの枝に、丸餅や長い餅をさした。丸餅は米、花や長餅はアワやトウモロコシの豊作を願ったものである。葉のついた枝にびっしりと餅をさし、四つの部屋の中心に立つ一尺角の大黒柱に、注連縄でぐるぐる巻いて結びつけた。床の間と仏間の間の柱に飾ることもあった。門松の芯で花（菊の花などの削りかけ）を作って、注連縄にかけ、ヒゲ（ハカマ）もさげた。部屋の中央に立つコドシの飾りは、見事なものであった。

松尾おし谷では、柳の木に餅をかざるのを「マイダゴジョウ」といった。丸餅や長餅を十二カ月の月の数だけつけ、大黒柱にくびった。夜には、モグラ打ちをした。「ちんぐりまんぐり　ターホーホー」と言って叩いて家を回った。またこの夜には、米良の児原稲荷へ代参で詣った。朝の一～二時頃に家を発ち、神門、銀鏡を通って翌日の昼過ぎに神社に着いた。夜は一泊し、翌日帰ってきた。正月は、コドシが済むと、大方のものが済んでしまう。

二十日は、「二十日で正月は吹き飛ばす」といい、はったい粉（麦で粉を作る）で吹き出した。二十三日は「地蔵講」、代表が宇納間に詣った。夜は、二十三夜待ちで月が出るまで集まって酒宴をした。朝方には、女性も子どもたちも来ていた。

(四)　小正月

小正月について、宮田登氏は、「大晦日から元旦へという年越しは、朔日すなわち月の初現をもって新年のスタートとする考え方であり、一般に元旦正月が大正月といわれる。これに対して、十四日から十五日への年越しは、満月の夜の前夜を年越しと考えている。これには、「ワカトシ」という表現もあり、小正月と呼ばれる。正月は宮廷行事ではなく、村の年間行事となっているのが特色である。柳田国男は、月の望《もち》の日を重視するのが本来的だとする説をとり、小正月が一年の開始の時期と考えていた(註13)」と説明している。

県北部では、一日からの正月を大正月とし、十五日を小正月として祝う地域は多い。大晦日としての十四日は「十四日ドシ」「餅正月」と呼ばれ、若餅を搗いた。柳餅を飾る地域が多いが、作祝いと称する椎葉村の事例は特色がある。この時期、農神への豊作祈願が様々な姿で表現されている。

飾りには、餅が多い。花餅、オマエモノ、マイダゴジョウ、メアジョウと呼ぶ地域もある。十二カ月の月の数をさげたり、丸長の形、飾り付けにも違いがある。作祝いは、願いを託したみごとな飾りであるが、もう一つ、俵祝いとして、籾を入れた俵の前に、フクジュドンというアズキで作った人形を作り、御神酒を供える。飾りにさげるものには、ヒメなどの畑作物が多い。コノミヤで作ったアワボヒエボ、花の形のケズリカケも賑やかにしている。また、作祝いの前に寝て、鳥追いをするという姿も古い習俗として注目される。

西臼杵地方のそら祝いも、古習俗として貴重である。仕事を休み気持ちのゆったりとした新年のこの時期に、年間の集落の祝いを行うことは、慶びの気持ちも一層高まり、人々の絆も深まったことであろう。

○柳餅

北川町上赤では、白餅、ふつ（ヨモギ）餅などを小さい平餅にし、柳や椎の木の小枝にさした。川坂では、大黒様と俵にさして飾った。下赤では、床の間、神棚、仏様、大黒様、土間の米俵、馬屋にも飾った。高千穂町では、カシの葉つきの枝や、葉のないメムの木に、大きい丸餅や四角に切った餅を花のようにつけた。

五ヶ瀬町では、カワヤナギやミズシに丸い餅や切り餅をつけ、居間に飾った。俵にも飾った。両町とも、この日を「小ドシ」とか「餅正月」と呼んだ。この餅は二十日に下ろして食べた。汁に餅を二個入れて食べた。カワヤナギの芽の吹いたのをとって墓に参った（西川　功氏）。昔は、麻を作っていたので、麻木を十五、六本畑に立て、その中心にツルノハをさし土寄せをした。また、祝い物を入れてそこに置くこともあった(註14)。

東郷町山陰では、「十五日正月」「もぐらうち」「めかきしょ」などがあった。川柳の枝に、餅を平年は十二個、閏年は十三個さして、神仏、大黒様、米俵、馬屋等に供えた。また、粟穂を大人が作って子どもが売りに行った。子どもたちは、売りに行った家で、ヘグロ（釜の墨）を塗りつけられて騒いだ(註15)。

西郷村田代では、「柳餅」に、小さな丸餅をさす。畑の芋を煮てさす地区もある。また、「コノミヤマンジュウ」を作る。饅頭は小豆あんで、やや大きめに作る。月の数、十二か十三を作ってつける。

諸塚村七ツ山では、十四日を「小正月」「餅ドシ」とし、柳餅を作る。大きなツゲの木を切ってきて、台所の大黒様の前に大きなものを立てる。以前は、ソヤの木に餅を下げたともいう。木には、餅やひでだご、芋などをさす。一番上の方に、日月の餅、星や雪あられの小餅、長く切った飴、ソバ粉では、うさぎ臼などの型を作ってさげ、芋をさす。米、アワ、キビ、フツ餅で七夕飾りのような色どりとなる。ツゲの木の小さいのにも餅を小さく切ってさし、家内の神仏、穀物置き場、塩俵、天井のねずみ、厩舎などに一枝ずつあげる。そして、村内の稲荷神社に一枝持って行って供える。(註16)

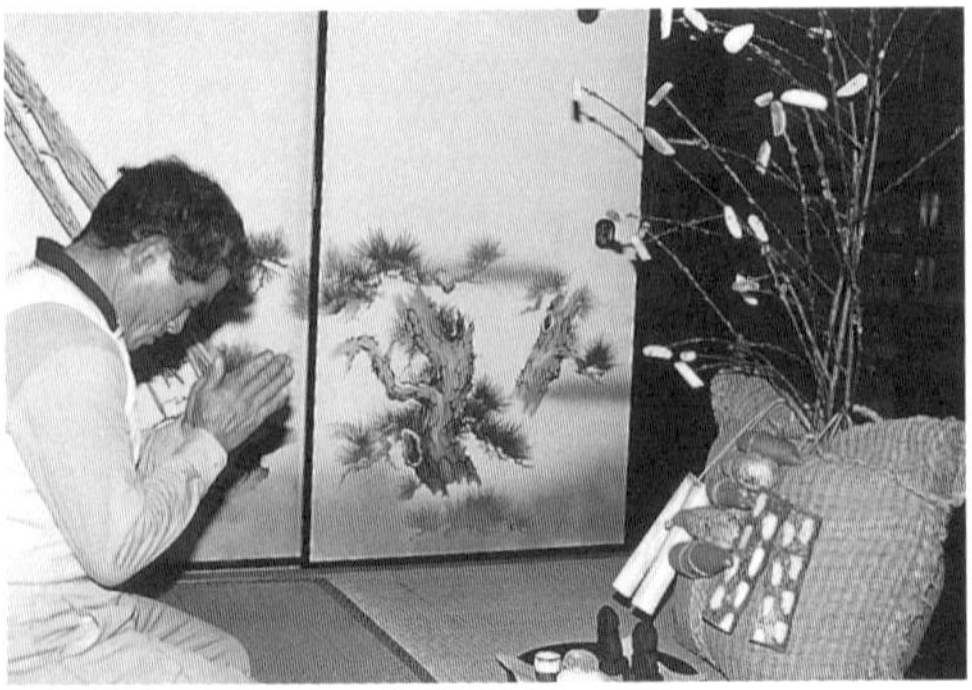

小正月に祈る（椎葉村戸屋納）

椎葉村臼杵俣の那須貞夫・ユキノ氏宅での小正月の飾り餅は、オマエモノといい、二段の餅を家族の人数分だけ重ね、ユズリハを敷いて供えるのを続けてきている。大判と年ねも作った。仏壇の仏飯をあげる所に供え、鏡餅そのものはしない。大正月の時には、仏壇の前に「九つづみ」の餅を一組作って供えた。

○ 作祝い

椎葉村戸屋納の那須芳蔵氏宅では、コドシには作祝いを作っ

作祝い（那須秋義氏宅　椎葉村戸屋納）

作祝い（那須芳蔵氏宅　椎葉村戸屋納）

作祝い（那須芳蔵氏宅　椎葉村戸屋納）

作祝い（那須今朝義氏宅　椎葉村戸屋納）

削り花（椎葉村戸屋納）

た。正月挨拶の際に、ケズリカケや作祝いが飾られており、話題になることが多かった。作祝いは、竹を根元に立て、ヤナギの木をさし、それに、粟、稗、とうもろこし、小豆、甘藷、ヒメ、里芋などの作物などを祝いものとしてつけた。ヒメは、産後の見舞いに持っていった。すぐに食べられる重宝な食べ物だからである。稲は昔はつけなかった。子どもの頃には、いろいろなものの種をひとつまみずつ混ぜて白紙に包み、くくりつけていた。ヤナギの枝は、奇数に枝分かれしているものを使った。これに、コノミヤで作ったアワボ（粟穂）・ヒエボ（稗穂）をさげた。アワボは白の点々、ヒエボは黒っぽさを残し、アワボをヒエよりも少し長めに作った。そして、削り花をつけ、色餅をさした。

作祝いには、もう一つ、種籾を祝う作祝いがある。昔は、叺を入れた隣の部屋が倉庫であり、その倉庫のある所で俵を何俵も積んで祝っていた。種籾を入れた俵をカズラまたは縄で結び、その上にヤナギ餅を供え、芋類やアワボヒエボをかける。俵の前には、お盆に入れたアズキで作った三段重ねのフクジュドンという人形を二体あげる。これは、えびす様、大黒様を象ったもののようであり、紅白の餅と御神酒もあげ、「アゲモチ」という。

昔は、年寄りがこの前に寝て、「今夜は、おれがここに寝て鳥を追う」と言って休んでいた。「稗ん鳥も粟ん鳥も、今夜宿は貸さんぞ」「迎えのウバの方へ行って泊まれ　ホイホイ」と、呪文を唱えて歌っていた。

また、戸屋納ではこの日の夕方、仏性《ぶっしょう》にご飯をたいてあげた。御神酒と餅（あげもち）も供えた。早く準備しないと、しもうり（仕事）が遅れると言って早くした。「堂ごもり」もあった。近くの神社や堂に、関係者が祝いとして柳餅を持っていって供えた。これは、祓いや薬になるといって、近くの人が早く行ってもらっていた。

十四日は、忙しい。小さい頃には、夜にはモグラ打ちがあった。フジカズラのすべのいいのを、一・五メートルくらいに切って地面を叩いた。「コドシの十四日の晩でありもうして、モグラウ打ちに来申した。せいえん（野菜のこと）ばたけのモグラ打ち　モグラの頭は痛かろう　パッタンパッタン」と打っていた。家の人が、餅をあげていた。これは、若い人も子どももしていた。

竹之枝尾では、小正月の時の祝いを作祝いといった。横座の鴨居に柳の枝をつけ、餅をつけた。丸餅を下げたり、長く切ったのをさげたりした。昔は餅に色はつけなかったが、粟、稗、小豆などの色できれいな色になった。餅は保存しておき、「今年のを下げるまでに、去年のがついていないと食べ物に苦労する」といわれていた。コドシの時には、オカンイモ、サトイモをつないでさげた。

向山地区一帯では、メアジョウを十四日に作って供えた。種籾を入れた俵を置き、粟と稗とコノミヤと翌日、サトイモを煮てさしてあげた。メアジョウには俵を置き、稗、コノミヤは大が三本、小さいのを二組、サトイモを一日遅れて十五日につけた。昔は、みなみ柱（大黒柱）にネコヤナギと柴をくくりつけて飾っていた。フシノキやダラの木をあげた。ダラはとげがあるので、ヘビ除けになる。

○ 予祝行事

また、旧正月十四日には、諸塚村七ツ山本村・大白尾、井戸、日ヶ暮に残されている「鳥追いの行事」がある。日が暮れかかる頃、本村では幼児から中学生までの子どもたちが、リュックを背負い、笹竹と懐中電灯を手に各家庭を回る。子どもたちは、家の前で、「ゼンゼホッセ　ゼンゼホッセ　うちの背戸やの粟ひえ食うな　モグラモチャ掘るな　ゼンゼホッセ」と大きな声で地面を叩いて回る（近年はゼンゼホッホという――筆者註）。昔は、「立とう鳥は立ち召せ、座ろう鳥は座り召せ。家の背戸やの粟稗食うな」とも言って、ホウホウと、竹の枝で叩いて鳥追いをした。各家では、子どもたちの来るのを楽しみにしていて、一人一人に餅やお土産の菓子をわたした。

同村矢村地区にも、鳥追い行事があった。子どもたちが全員集まると、皆声を揃えて、「一番鶏二番鶏粟の鳥も稗の鳥も立とう鳥ゃ立ち召せホオーイホオー」と叫び続けながらあちらの森こちらの林を叩きながら回る。それが終わると、家の庭に移行し、「モグラはつくなモグラはつくな」と、竹竿の尻を地面に突き立てながら調子をとって庭の全面を三回も四回もぐるぐる回りながら叫ぶ。それが終わると今度は、「お祝いなされ　お祝いなされ」と言って玄関を叩く。内からは、「おお祝

おお　おお祝おお」と言って全員に行き渡るように祝い物を渡した。(註17)
東郷町坪谷では、「もぐらうち」をした。竹の先を縄で巻き、庭を叩きながら、「もぐらもちゃいらんど。となりのせっちん、盛り返せ」と唱え、子どもたちが家々を巡って餅をもらった。「めかきしょ」は、柳餅を肩に担いで、「めかきしょ。めかきしょ」と言いながら各家を巡って餅をもらうものである。(註18)
椎葉村戸屋納では、この日に柿の木おどしをした。今は、柿の木祝いという。十四日の夕方、木の元に二人で行く。一人はナタを持っていって、「この柿の木はならんから切っ倒した方がええぞ」と言う。すると、もう一人が、「なるかもしれんから、ま、おいておいた方がええはねえか」「なるかもしれんから。ま、おいておこう」「ほんなら、祝うておこう」「なるかならぬか。ならぬなら切っ倒すぞ」と言っていた。木には、コノミヤ

柿の木祝い（椎葉村戸屋納）

モグラ打ち（椎葉村日添）

と餅をあげた。

椎葉村日添のモグラ打ちは、「十四日のモグラ打ち　今夜の鳥ゃー寝せんぞ」「稗も粟も喰わせんぞ　お(男)っとり　め(女)っとり　トラホーホー」今の子どもの歌は、「こんねん(今年)正月じゅうよっか(十四日)のモグラ打ち」「銭出すか　餅出すか　出さんもんはねずむぞ(とるぞ。指先でつまむぞ)お(男)っとり　め(女)っとり　トラホーホー」「こんねん正月十四日　モグラ打って祝いましょう。祝いの国から三百軒の倉を建て　餅出さんか銭出さんか　出さんならねずむぞ　トラホーホー　」と、子どもたちが歌い、地面を打って各家を回った。もぐら打ちでは、カシの棒にワラを巻き、カズラで結んだ棒を持っていった。鳴りガシといい、誰のがよく鳴るかと言いながら地面を叩いた。特に、カズラがよく音をだした。

○ そら祝い

五ヶ瀬町では、現在は行われていないが、「そら祝い」が行われていた。誕生や結婚祝いの家に、若者などの村人が家人に知られないように、祝いの気持ちを形にして運び込む風習である。根っこから掘り起こしてきた松の根っこに、これを担ぎ込んだ人全員の名前札をつけて、家の土間に置く。松の根のように太く、栄えるようにと願い、戦前には、「枝も栄えりゃ葉も繁る」と歌っていた。また、「だるまさんを転がして福の神が舞い込んだ」とも歌った。また、家の人が知らないうちに、薪を取り出して畳一枚分ぐらいの広さの舟の形を作り、家に持ち込んだ。これを、「舟入れ」

といった。翌日、家人から、招待があり、呼ばれて祝いの宴会となった。これを、「そらかけ」「そら祝い」といった。（西川　功氏談）

高千穂町でも、同様の「舟入れ」と「松入れ」があった。元は、男の祝いには松、女の祝いには舟とされたが、そのうちにどちらでもするようになった。長男誕生の家があると、盆の松の鉢に入れたアカマツを、家人に知られぬようにそうっと戸を開けて入れた。また、一年分の薪を引っ張り出して、薪で舟を、竹で帆柱を作り、鞆を前にして気づかれないように運び、家の床柱に結びつけた。家人は気づいていても、知らないふりをしていた。舟には、縁起のよい歌を和紙（障子紙のような）の長いものに書き、竹棹に吊していた。翌日は、その人たちを招待して祝いの宴が開かれた。これを、「そら祝い」といった。（鈴木由春氏談）

十五～十六日　西郷村田代では、「十五日から十六日にかけては、山の神様が木の数を数える日なので、山に早く行くな」といわれていた。その日は、道作りや庭掃除を終わったら、みんなで酒を飲み、仕事はしなかった。この日は、山の神様にお参りをしたり、山林関係者が神事のあと御神酒あげをしたりした。イリコナマスを作ってあげる所（上赤）もあり、後は酒、魚を持参して宴会をした。

二十日～月末　二十日正月、骨正月、ハツリ（始まり）正月と称されるように、正月はこの日で終わりとなる。北川町下赤では、この日は仕事休みとした。高千穂町では、花餅を下ろして雑煮にして食べる。骨正月ともいい、正月中に魚の骨をとっておき、その骨を包丁で細かく叩いて食べたという。五ヶ瀬町では、山には行かず、十四日に飾った餅をさげて食べた。東郷町山陰では、十五日に供えた柳餅を下ろして食べる。これを、「歯固め」といった。奉公人は、この二十日正月を経て、雇い主の所に帰ったという。また、同町坪谷では、この日にひもじい思いをすると一年中ひもじい思いをするので、どの家でも「たくさん食べろ」と言われ、朝がゆ（お粥の炊き始め）にお餅を入れ、朝昼夜、よく食べた。この日で正月が終わるので、「外に出る時はきな粉を食べて出ろ」と言われた。(註19)

二十三日から二十四日にかけては、地蔵さん詣りがあった。火除け札を受けるために、代表が北郷村の宇納間地蔵や高千穂町上野の竜泉寺などに出かけた。また、地区の地蔵さんにカケグリをあげ、集落ごとに集まって御神酒あげも行われた。

二　感謝と祈願

(一)　年神様と先祖霊

正月は、一年間の無事に感謝し、来年の安全な暮らしを祈願する節目の時である。正月飾りをし、餅を供える場所には、神仏棚、床の間、年徳様、大黒様その他がある。特に年神様と先祖霊には、正月を前にしてその思いは深い。門松は年神様が入って来られるように左右に立てる。門松祝いとして、御神酒とカズノコをあげるのは、年神様を迎えるためという人々の思いがある。注連縄を張り、門松を立てて年神の訪れを祝い、大小重ねの餅を供えて感謝と祈願をした。また若木は、セビとして先端に葉を残し、神の依り代としての意味を持つと思われる。高く、多く立てたという姿には、より多くの福を招きたいという思いが感じられる。降臨する神は、いかなる神であろうか。

このほか、先祖に対し、人々は盆と正月に墓参りをする。年末には先祖の墓をきれいに清掃し、供えをした。仏壇を飾り供え物をして、この一年に感謝した。夜には家族一同が揃い、代々火を守り、家屋敷を守って暮らしを営んできたことを先祖の霊に感謝しつつ、膳に向かった。年ダロウをくべ、語りながらサッシオ（満潮）を待って年をとる。満潮に年を取らせるのは、どの神、霊なのかという疑問も残る。

大黒様の供え餅（北川町多良田）

(二)　大黒様・恵比寿様

人々に五穀豊穣をもたらす大黒様は、春に畑に出て、秋の十月初亥の子に山に帰るという伝承が平地にも山地にもある。春正月に大黒様を大切に祝い、また、畑に送っていく事例も伝承されており、供える鏡餅もひときわ大きい。また、大黒様が田に出られる日には、アズキや赤飯などで心くばりをしている。田一枚一枚に、餅とツルノハを供える姿に、豊作に対する強い願いを感じることができる。

北川町多良田では、お供えの餅を下ろして薄く切り、アズキと餅を入れたご飯を作って供え、家族でいただく。この日は「十一日ドシ」ともいう。大黒様に供えた餅は、十日に下ろして切り、大黒様の出発される十一日の早朝、田に持って行って供える。これは、大黒様出発の祝いの食べ物にもなる。朝早く門松、注連縄を苗床予定の田に持っていき、「今年も苗床の田に、よい苗が出来ますように」と祈願する。

同町川坂では、「おとしいれ」(鏡割り)といい、大黒様が作場に出られる日なので、朝、ぜんざい、赤飯を大黒様にあげる。おとしいれとは、アズキを煮たのに餅を少し切って入れたものである。

十日恵比寿の日は、御神酒を供える。帳祝いは、新しい大福帳をおろして新年の商いの誓いを新たにした。大正時代、この日は、「一般休業ス」と、前掲の北川村郷土誌資料には記されている。

東郷町坪谷では、田祝いと称して、苗代田に餅とツルノハを供えた。そして、家で雑煮をいただいた。また、西郷村田代では、一枚一枚の田毎の田の神様に対し、半紙を折って、ツルノハ、ウラジロ、小餅を供えた。

椎葉村日添では、十月初亥の子に帰っていた大黒さんが山に行く日であるとしていた。

(三) 屋敷内外の神

正月は、日頃無病息災の暮らしを支えてくれる神々に感謝し、さらに新年の祈願をする時期であ

輪〆（椎葉村臼杵俣）

った。鏡の餅を飾り、注連飾りをする場所にその願いが表れている。全てのものに神が宿るという気持ちがあったのではないだろうか。

家の近くの作業用の田小屋をはじめ、水をとる水口などにも、注連飾りや十四日の餅をつけた木であるメアジョウ、御神酒などを供えた。水神様、火の神様、井戸の神様、稗倉や納屋、牛小屋、椎茸の乾燥小屋、便所など屋敷内のすべてにわたった。また、農具一つ一つに、トビをつけ、輪〆をつけて飾ったのも、祝いをし安全祈願をする人々の気持ちがこもっている。

このほか、神社では神事の行いを始める時期である。高千穂町・五ヶ瀬町は、神楽の盛んな地域である。今年の神楽の太鼓や笛の練習始めとして、太鼓や笛にトビをつけ、新年の心を新たにして神楽を奉納した。

(四) 厄　神

災いから逃れたいという思いは、いつの時代にもあることである。

よい神を招くという思いとは裏腹に、悪いものは入ってほしくないという思いがある。大晦日の日のトギで味噌を焼き、臭いで貧乏神を近づけないという話もある。大晦日や、六、七日にものを焼いて占う行為もその一つである。飾り物を焼いた火で竹の音をはしらかし、魔払いをし、ヤキマゲなどを作って村や田畑に入ってこないように願った。

戸屋納ではこの夜には、「コノミヤかけ」が行われた。よその地区の人が頭にほおかぶりをして寝る前か寝てから、二、三人でやって来た。自分の家のコノミヤを持ってきて、その家の床の間にかけ、当家のものを採って隣に持っていってかけた。そして、次の家に置き、そこの家のものをはずして次の隣にかけた。こうして、集落の家を次々に回り、順繰りに持っていった。家の人はその人たちに餅をやり、御神酒を飲ませた。なぜ、そうしたかは、分からないという。

火を焚き、魔払いを立て、深夜にコノミヤを掛け替える行為は、安全な暮らしへの願いを表している。

三　くつろぎと活力の蓄え

㈠　休みとしての正月

一月は、休みの多い月であった。大正十五年「北川村誌資料」によれば、「一日は回禮繋き方にあらず、二日、三日、即ち正月三が日は全く業を休みとある。六日ドシと致し休業する。七日正月とて雑炊を炊いて食べ、休業す。十日はエビス祝いをなす。十一日は帳祝いにして、商家は勿論一般休業す。十四日ドシとて、柳餅を家の軒、床の間、台所などに飾り祝う。十五日、女は泊まり初めと言いて、親元に泊まりに行くを一般の習いとす。一月中は斯く農家の休業日多くして、家業に支障多き故、近来皆之を自覚し、三ケ日の外休業と雖も、家業をなすに至れり」。休みを少なくして、多く働くようにと変化しつつあるが、このように、正月はあれこれと仕事を休む日や行事が多かった。このほか、十五、六日は、山の神祭り、二十日は二十日ドシとして休む地域もあった。

休みは、料理せず、静かに、何もせずで、家の中で静かに過ごし、日頃の生活と違ったものがあった。それは、信仰的な面からの、静かに時を過ごす意味も含まれていることも考えられる。

椎葉村日添では、元旦は、年始もせず、家にいてゆっくりとした。家の中からは、決してゴミを掃き出さなかった。元日は、「はわきだすからいけない」といって掃除もせず、何にも道具を使わなかった。三日は、不浄にちといって、休みだった。祝い込めてあるからと、お金も使えなかった。衣服も、簞笥に入れておいたものを新たに出すことはできなかった。戸屋納でも、十四日から十六日までは休みだった。

このような休みは、田畑が寒さのために使えないためという事情もあったが、人々にとっては体を休め、気持ちをゆったりとして新年を過ごすことのできる貴重な期間となり、春への備えもできた。

(二)　挨拶まわり

地域や家族との絆は、新たな年を迎えてより深められる。元日の挨拶回りは盛んな地域もあり、また、初びかりを行う所もある。

親戚との年始挨拶、親元への挨拶は、一日、二日、十五日などがある。持参する物も様々で、挨拶言葉も丁重で、現在でも学ぶことが多い。実家に帰ると、墓に参ることも通例であった。

椎葉村日添では、元旦は年始もせず、ゆっくりとして家にいてくつろいだ。しかし、二日は親元に挨拶に行く日だった。親元には、餅、おはち米（昔は二合半でよかったが、今は一升になった）、酒、お菓子などを持っていき、先祖のお墓にも参った。舅の方には、お鏡を一重ねとおかんの芋、山イモなどを持っていった。

椎葉村戸屋納では、二十八日に餅を搗いた。たくさんの餅を搗いたので、朝早くから遅くまでかかり、二日に及ぶこともあった。若い人が搗き、年寄りが握った。この大切な大判の餅は、直径が三十センチくらいの大皿ほどの大きさで、粟と米の二段重ねにした。御年始と書き、カジ紙に包み、シチトウで結んだ。タオルを添えて持っていった。妻の親や仲人さんには、年ねといって小皿くらいの二段重ねの粟と米を挨拶として持参した。戦後は、取りやめになり、品物に代わった。コドシの十五、十六日には、親戚にメアノモノ（小餅）を十二個くらいお盆に入れ風呂敷に包んで持っていった。餅は、搗いた日には焼き餅にしてはいけないと言われ、一晩はおかないといけないと言われていた。

昔は、コドシから十六日までが休みで、煮染めや酢の物に御神酒をつけ、十五日からはゆっくりと過ごした。正月の最初の挨拶は、「結構な春《はり》になりもうしてなお」「幸せでございもうすばお」

「旧年（きゅうどし）の時分にもなお　お世話になり申して　だんだんありがとうございい申したばお」「年が変わり申して今年（こんねん）もよろしゅうたのみ申すばお」と言った。青年は、挨拶の言葉が言えないのでなかなかよそに行こうとしなかった。

㈢　新年への備え

新年の出発は、春を目前にした備えの時である。初びかりは、県北部に残る組織としての計画相談の場である。この日の出会いで、今年の普請をする家が決まり、年間の大まかな仕事や行事の相談がなされた。飲酒宴会を伴い、元気をつける会でもあった。また、火事にあわないように、火伏せ地蔵の宇納間地蔵や高千穂の竜泉寺等に代表が参り、お札を受け取って家に飾って家の備えをした。餅を歯固めとし、魚の骨を潰して食べたり、きな粉を元気づけとした。春の安全を祈願して、ぶ射をする地域もあった。

おわりに

正月行事は、毎年繰り返される。時代によって、その形が変化していくことは当然であるが、その根底に継承されるものは何であろうか。事例を見る中で、私は、「三つのけい」が浮かんだ。正月には、敬、慶、計の三つが継承されている。敬は、信仰としての正月である。飾りや門松、あるいは仕事や暮らしに関する諸行事を通して、神仏に対する畏敬をもって祝い祈る姿がある。二つ目は、慶びの新年である。心新たに新しい年を家族や生命のあるものとともに慶び、供え物や祝い膳という食文化を伴って継承する行事である。三つ目の計は、仕事始めの構えをとり、新年の相談を行い、体を休めて一年を見通し計画する期間である。

周囲の環境は、これからも変化していくと思われる。だからこそ、正月の期間を、自分や家族、地域の姿をみつめ、先祖からの継承遺産や地域として大切にしてきた諸神仏や行事をかみしめる大事な機会としたい。そして、元気を蓄えて出発できる正月が、これからもよい形で伝承されることを願っている。

［註・参考文献］

註1　「宮田　登日本を語る5　暮らしと年中行事」八六頁（宮田　登　吉川弘文館）八六頁

註2　「民俗資料緊急調査報告書――高千穂地方の民俗――」（宮崎県教育委員会編　昭和46年）

註3　「日本の民俗学　時間の民俗」（宮田　登著　吉川弘文館）一〇〇頁「年中行事と農耕儀礼」

註4　『宮崎県民俗事象調査』（宮崎県教育委員会編　昭和53年）

註5　『ことぶき　ふるさとに遺したいこと～特集号～』（諸塚村寿会連合会刊　平成5年）

註6　註5に同じ

註7　註4に同じ

註8　註5に同じ

註9　註4に同じ

註10　註2に同じ
註11　那賀教史『高千穂の四季』（「みやざき民俗」53号　平成13年）
註12　註4に同じ
註13　註1に同じ
註14　註2に同じ
註15　註4に同じ
註16　註5に同じ
註17　註5に同じ
註18　註4に同じ
註19　註4に同じ

［調査協力者及び話者］（敬称略）

調査協力者　児玉剛誠　今井昭三郎（お二人からは、北川町川坂・下赤・上赤・祝子川地区の調査資料提供をいただきました。貴重な内容であり、私の調査分に含めて盛り込ませていただきました。）

話者　北川町　治久丸春光　黒木文雄　高山護　矢野武士・チヨ　安藤光・ハナ
高千穂町　鈴木由春
五ヶ瀬町　西川功
西郷村　川村半三郎・りよう
諸塚村　西村マチヨ
椎葉村　椎葉貞夫・ユキノ　中瀬守・ケサヨ　那須芳蔵・ケサノ　那須今朝義

那須秋義　奈須茂松　安藤トラ　那須恒平　椎葉秀行・クニ子　甲斐福蔵

［資料1］

平野家文書「手中御定覚」（宮崎県総合博物館所蔵）

十二月八日
一　事初　御夕長　小豆食
　　右　同日針供養ニ付女共より少々宛出銭相祝候事
一　正月餅米高白米四斗弐升
　　内　御具足鏡壱斗程ニ而二備此上玉江小豆入
　　　　御鏡餅九備一備壱升五合程宛ニ而大キサ下鏡差渡六七寸
　　　　外ニメ小鏡六備
　　　　右之残押餅小豆入弐枚
　　但　一餅春御代々二十七日夕之処御出府以来定日相止繰合次第御祝有之
一　餅舂之日温ニ而後祝御吸物とう婦鰹節
一　右九備之内鏡餅一備正折敷江載□取院江遣尤福包添
一　御餅　三ツ御分御餅方江頼遣其外志め餅三拾程
　　裏白譲葉希つり可け等頼遣
一　右世話之者江為酒代
一　正月入用之品二十八日両日之内書付ニメ相調可申事
（中略）

一　煤払相済候而其年之古御守札御初尾十二銅相添宮□蔵人方江可遣候
　秀博公御代御仕立之行司也
年始御祝儀日
　昼　　御米のゆ　香の物朝始而出
一　煤払
　但　煤竹五本草箒　五本出前日相調可申事
一　煤払夕　節分夕　大晦日夕　元旦朝夕　二日朝夕　三日朝夕　六日夕　十四日夕
右之同前ニ有之御献立之通可出之
　鮑　塩い王し　大こんにて候也
汁　輪切大元　鰹節
香物
食　松木者し
煮物　うを　ゆきとう婦　こんにゃく　牛蒡　大こん　里いも　何茂さいのめに而
焼物　い王し
　酒
一　元日二日三日　朝　た徒く里　くろまめ
　　　　雑煮　　餅　春な　ゆきとう婦　い□□　花かつを
　　　　菱餅　五つ
　　　　松木者し

七日朝　　汁　うを　焼とう婦　こんにゃく　ごぼう　にん志ん　里いも　大こん
　　　　　香物
十一日夕　□物　松木者し　もと入り
十二日　　具足餅御祝儀
　　　　　御稽古初御鏡餅御扱
　　　　　（料理　中略）
　　　　　右御稽古初宝暦四戌年より始候
十五日朝　一　正月雑煮被下　下々江者元旦斗に而御座候
　　　　　　但前々三ケ日下々江被下候得共今年御倹約ニ付元旦朝斗に相成
正月　　年神　御初尾十二銅神納
（筆者註　このほか、御初尾を渡した所として、鹿嶋、甲子、伊勢、愛宕、熱田、荒神、山王成就院等の名が見られる。また、家内に対しては祈禱を正五九月の年三度依頼している。）
正月三日万歳参候節御初尾四拾八銅扇子壱本白米壱升遣候事
但右之者江餅焼候而香の物に而被下尤酒肴も出ス
一　落水江備候鏡餅一重貯置可申候之者六月朔日歯固御祝儀之御入用
（以下　略ス）

［資料2］
人吉藩米良領「歳中儀規式目録扣帳」
慶応二寅年　正月吉祥日定之也　　藤原　重國

十二月十三日
両上納
一　両普請　年木切　罷出候
十七日
祭　夕木取罷出候
十八日
祭礼　花米拾□壱升上ル
一　同昼ヨリ男罷出候事
一　女朝ヨリ若物ハ罷出候事
十九日
宮参りの事
御供　矢立テル　神マツリ事
二十八日
歳末之祝儀上ル
一　献上　鯛　壱掛
一　白酒　壱樽　上ル
二十九日
朝　門松ヲ立
年木四トコロニ拾四□れ
ツルノ羽　ウラシラ　馬屋トシ木　二つ　下屋　二ツ

一 火神　四ツ　酒□江　四ツ　神前江　四ツ
一 仏参ル　はかしょニ松　一われヅ、
つるの羽にうらしら　二ツヅツ　仏□に上ル事
一 晩ニ□飯上ル
一 神前に七重
一 仏前に拾二ヅ、　二重

正月元日

一 若水迎　一　御はがため　御茶　一　御手掛《てがけ》　御ひや
一 芋がゆ　元朝　御屋敷　参詣
一 御めし出し　御□二ツヅ、
次に鎮守　若宮　三社　八幡　寺　八王　大雄寺迄参詣之御供也　御屋敷江出仕罷出候
初献　手掛　二　茶　三　冷　四　雑煮　芋　五　かん酒地
六　□餅　七　かん酒地
但　コイキリ　右の献上　酒　□び（えび）　村方江礼式の事

二日

女出仕
右　元旦の式　同断也
一 同元日に当八重中在初（所）ヨリ　替の出仕江罷出候コト
一 ひや芋かん　かん酒地出スコト

三日

朝

一　山口アケ　ひや芋かん酒地出シ　山口アケ柴ヲカド松仏に上ル事

四日

一　山祝の狩に出ル事

五日式

一　出家　山伏　出仕江罷出候事

ひや　二　御手掛　三　芋かゆ　四　冷酒　肴江出スコト

六日

一　モロメギダラヲ祝事　同晩ニ七草切《ななくさうち》アリノ事

七日

一　上様ヨリ村方江御入有

一　ひや　手掛　芋がん　一　雑煮　餅酒　御□肴

一　生酒　かん酒　上ル　御供出江

一　芋酒地　焼酎　肴出スコト　同期　長子（銚子）□祝コト

一　同晩ニ鉄砲祝江罷出候コト

一　旦那方江□□江罷出候事　具足祝　餅　白酒　イタダキノコト

一　福入　四棒　口アケアル

一　同日御入時ハ黒木バッカ（末家）ヨリショバンエ相見江候コト

一　同日御入ノ時ハ黒木ノ本家より罷候コト

十一日　式アリ

一　元日出仕シ罷出ス人　此日出仕江罷出候事

次ニ普請始アリ

一　ハタケノヲコシソメアリ　山口祝ノトシなわ持□□（虫損）

十四日

門松送リアリ

一　トシなわサゲ　神仏江梅花上ルコト

一　タンゴ（団子）祝　アミダ　クワチン（観音）エ上ル

一　餅　御屋敷江上ル　シンロイ（親類）エヤリトリノコト

一　御□物　神様に六重

一　仏様ニ　拾二ヅ、二重

一　ヤクシ（薬師）様江　一かさね

一　今年　重力　五ツヅツ

十五日

一　御屋敷江罷出候コト　タンニ酒

次ニ村方江礼儀之事

二十三日

一　屋敷に水がけアリ　芋酒　イタダキ（戴）クコト

（『西米良村史』所収）

第三節　西米良村の民俗文化

――伝承を暮らしに生かす村づくり

はじめに

西米良村は、九州山地の山ふところに抱かれた人口千二百人の村である。市町村合併の波にも村としての存続を頑として主張し、独自の発展を遂げつつある。周囲を市房山、石堂山、天包山など標高一〇〇〇メートルを超える山々をはじめとした多くの山に囲まれている。総面積の九六パーセントが山林であり、耕地の少ない中にあって、人々は土地を切り開く努力とともに林業と農業を主とした暮らしを営んできた。焼畑や作小屋に象徴される暮らしの文化は、先人の苦労や努力の上に築かれた貴重な文化遺産である。また、村の歴史や先祖に対する村民の崇敬意識は高く、土地を守ってきた人々の暮らしの営みが蓄積され誇りとなって現在に至っている。

歴史、地勢、人々の暮らしが、西米良村の伝統を築いてきた。それは、伝承という形を通して次の世代に伝えられる。伝承には、暮らしの姿を通してみえるものと精神基盤（精神遺産）として人々を支えているものがある。

その心は、中武安正氏によって記された米良山に対する次の記述に集約されている。

懐良親王と菊池氏に由緒を有する歴史、自然豊かな山林と河川、多くの伝承を有する集落、人、行事、それらが西米良村の宝である。

春、夏、秋、冬四山を飾る飽かざる眺めは、これぞ米良山の衣であり、千古動きなき峨々たる山岳はその骨格である。清く澄む米良川の流れは、これぞ吾が大和民族の血潮の表徴で、この中に祖先幾十代の墳墓があり、殊に神代よりの物語を秘め、天子の御恨みを秘め、また忠臣菊池の終焉を語っている。

春は全山桜花に霞み、岩上にはツツジがもえ、やがて初夏の頃には山畑に茶摘みの姿が見え、子どもは藪イチゴを採ってよろこぶ、若葉が色濃くなる頃には遠近の青葉の木陰でセミが鳴く。また新緑に茂る川辺の森をはなれて夜の米良川の支流を照らすホタルの夜景は天下に誇る美観である。殊に夏の川遊びは、清流に涼を覚え釣り糸をたれ、赤銅色に日焼けして川をあさる時懐かしみも一層深く、秋の紅葉、冬の雪、祭りの笛太鼓、これらを考える時何一つとして忘ることのできぬものである。わけても深山の路踏み分けて猪、鹿を狩る人の愉快さは又何物にもたとえることは出来ない。

（「菊池氏を中心とせる米良史」）

土地に生きる人々は、何を大切にし、伝統をどう受け継ぎ、これからの村づくりにどう生かしていこうとしているのだろうか。

本稿では、西米良村を代表する西米良神楽(※)を中心にしながら、これに関連する人々の暮らしや村の価値ある慣習や取り組みをみつめ、現在の村づくりの根底にある様々な民俗文化について紹介したい。なお、執筆にあたっては、中武雅周氏から話をお聞きし、氏の執筆になる著書をもとに村民の思いを大切にした記述を心がけた。

（※）平成二十九年一月、「米良山の神楽」として、「記録作成等の措置を講ずべき無形の民俗文化財」に、西米良村、西都市、木城町が選定された。

一　神楽にみる村民の遺産

(一)　神楽の準備と話し合い・協力

冬の村内では、村所神楽（狭上、竹原、上米良、横野を含む）、小川神楽、越野尾神楽の三保存会によって西米良神楽が催される。本番の神楽演目が始まる前には、保存会による相談が行われる。

【神楽執行における準備から終了まで】
祭典の準備から実施に至るまでの一切の権限は、社人の肝煎（一年交替で三名選出）にゆだね

られる。神楽奉納に関する仕事には次のようなものがある
1神楽馴らしの計画と運営　2各神社祭典の受付・社人への連絡
3祭り準備のための社人手配　4祭典準備の手配と手割り
5神楽奉納の手割り　6氏子総代及び頭取などとの役員との連絡調整
7神楽道具、小物などの点検整備　8神楽終了後の所整理及び社人の星取、礼金受領
9社人別れの案内と開催　10会計処理　11社人の研修
肝煎は、神楽奉納の一切を取り仕切り、神楽馴らしから本番に至る計画や、準備のための神屋づくり或いは当日のふるまいにまで心をくばる。
座前の働き組は、前々日に山に行き、当日のしめ建てから翌日の片付けまで手伝いをする。ご接待における女性の役割は大きく、特に「働き組」の炊事班の仕事ぶりに注目が集まる。特に、真夜中の社人の夜食や、参拝人への御接待等は勿論、終了後の片付け等にいたるまでつとめる。社人は御幣切りや串竹の調達、それから注連作りから建て方を進める。この段階は、経験者から若い人への継承指導やコミュニケーションの場でもある。このようにして、社人としての仕事と心構えを学び、自らを律し深めていく場となっている。

1　願成就

保存会による組織的な取り組みには、集落で行われてきた願成就の話し合いがその基本にあり、

大きな力となっているとも考えられる。

願成就には、願立て（祭）と願成就《がんじょうぜ》がある。旧正月の一日を選んで集落の人々が一堂に会し、この一年間、小集落の生産や生き方等に関する諸事項の祈りの神事を催した。これが、願立てである。かつては、どの集落でも行われてきた。

自然や暮らしの条件の厳しかった村の生活は、必然的に協力して生活を切り開くことを余儀なくされた。その役職には「座前」があり、行事の計画・会計・運営等全てをつかさどった。座には、村の氏子として認められていない者は参加できなかった。座に参加することによって集落民として認められ、一年を生きる資格を与えられ、諸々の仕事にも携わることができた。

ここでは、家内安全、無病息災、五穀豊穣、長寿延命、子孫繁栄から牛馬の安全まで多くの事が祈願の対象とされ、神官を招いて神事が行われた。当番の進行による話し合いの形は、毎年年二回の話し合いで、すっかり整えられていた。春から夏、秋へと過ごす中で、農作業や道普請、家の建築をはじめとして冠婚葬祭に至るまで労働力を提供し、共同で暮らしを支え合う姿がみられた。秋の収穫時期には、豊作の喜びを神に感謝し、集落民がお互いに喜びをともにする願成就の会がもたれた。十一月には新米をもって集まり神前に供え、お百度参りを行った。豊作や家族の無病息災、牛馬の安全などの思いが叶ったことを安堵の思いで迎えた。特別の祈願が成就した人々にとっては、感謝の気持ちもまたひとしおなものがあった。

昭和三十二年の桐原・囲の「願立諸控帳」によると、願立は一月三十一日、願成就は十一月二十

村所八幡神社

祈願成就のツバキ葉の串

三日となっている。祈願対象は二六八人、牛馬二八頭の計二九六となっている。集落から選ばれた願立の祈願者は、八幡神社へ三百度、狭上稲荷神社へ百度、高塚稲荷神社へ百度の参拝を行った。その際、ツバキの葉を一枚ずつ持って鳥居を回り、神前に串をさして礼拝がなされた。お百度により串にさされた葉は神殿の長押にさして成就報告とした。現在も、桐原、囲、鶴、田無瀬地区では願立ての話し合いがもたれている。また、八幡神社の拝殿にはツバキの葉の串が毎年納められているのを見ることができる。

かつては、願成就のある日には、子どもたちは各地域に帰り、先生たちも全員が参加した。地区では簡単な学芸会があった。会が終わりに近くなると、ヘソ飯（盛相飯）が大人、子ども全員に振る舞われた（「米良風土記」より）。米を各自が五合ずつ持ち寄り、一・五合ほどを盛って出した。

このように、願成就は暮らしの喜びや苦労を共にし、助け合って生きる人々の絆を固くするための生きる仕組みとして大きな力となってきた。「ホシをとる」「テゴリ」「手が揃う」の言葉に象徴されるごとく、普請や労働提供に関しては、男性、女性一人の夫役をホシで計算して交換・提供する約束も存在した。手は優れた人をさすこともあり、一人の働き手という意味もあった。欠席する場合には、代わりの人を出すか、お金を出して清算をするかした。テゴリによる共同作業は、地域におけるすべての人々が生活を成り立たせるために考えだした生きるための方法であった。

そこにはまた、地域を自らの力で管理する長老の存在があり、信頼と共同の暮らしを成り立たせる話し合いが基本にあった。村を支える人の中には、仕事のできる人でもやかましく言う人がいた。戸主会では、全員の意見をすべて書き、誰が何と言ったかを最後に読む場があった。その意見に対して誉められる人もあり、叱られて指導を受ける人もいた。飲み方（酒宴）の場が指導と意見交換の場となった。それはまた、危機の時にはどの人もしっかりと守っていくという精神をその根底にもっていた。集落で困った人がいる時に金や米、膳、諸道具を貸し出すための仲間倉は、お互いの命を守る制度でもあった。現在も仲間倉は村所（個人の家に）、小川や上米良等にあり、その精神とともに残されている。

2　神楽ならし

村所八幡神楽の社人は世襲であり、「社人株」という特別な家系により受け継がれてきた。かつては、家の長男しか神楽を舞うことができない時代があった。

特に社人の長男は、社人の家で親からの直接伝授がなされた。世間の社人に対する尊敬や関心も強く、それ故に舞の伝承や神楽に対する覚悟についても厳しい教えがなされた。現在、ならしは一カ月前から公民館で行う。他の人にはだまって師匠の所に習いに行く「陰習い」をする人もいる。神屋に立つ自らの備えとして、舞の基本をしっかりと身につけたいという願いは強く、会得することは大きな自信につながる。「ならし」は、本番前の仕上げの場である。陰習いは、その日までに人に知られないように通う舞修得の場であった。ならしを迎える日までの練習に対する社人同士の意欲や努力は現在も変わらず、様々な形で行われている。ちなみに、ならしとは次のような内容が含まれるという。

①場になれる
②一人舞、二人舞、四人舞の舞に慣れる
③楽（笛・太鼓・舞歌・神屋になれる）
④先輩との舞に慣れる
⑤楽のならしで調和がとれること。そして、一番大事な事は、楽が舞人に合い、舞を引き立てることができるかということ。
⑥社人先輩の指導を十分に受け止めて、本場を踏む力が出来たかを自ら納得するまで時間をかけて努力することが、「ならし」の意味であることを自覚する場であり、心の「ならし」であることに気づく場でもある。

長老の指導や社人の努力の場を支援するために、家族等による「お茶番」が組織される。その日の「ならし」の終了後にお茶の接待を行い、反省事項やこれからの問題点の語り合い、個人への指導助言があり、神楽歌の練習も行われた（「御神楽」より）。本番を前に社人の仕上げを行う「ならし」の場づくり、稽古を支援する人々の配慮など、そこには大きな行事を成功させるための一体となった保存会の取り組みがみられ、神楽を通したつながりを一層緊密にしている。村所神楽では、今のところ後継者の心配はないという。

3　彼岸籠《ごも》り（行を通しての社人入りとなる通過儀礼）

八幡神社の社人は、土地の旧家の家柄の長男に与えられた特別の神職であった。彼岸籠りという修行を通して、宮司から護身神法を受けることなしには、その資格を得ることはできなかった。彼岸籠りは春三月彼岸の入りから一週間、村所八幡神社を中心として行われる。彼岸籠りの希望者は、十二月末の社人別れの時に、肝煎を通して八幡神社の宮司に願いを出す。それによって、修行者の氏名が公表され、先輩社人の指導者の人選がなされる。修行中は、原則自炊である。場所作りから寝所の整えも自分たちで行う。身辺の生活道具や学びに必要な道具も持参する。電気のない時代には、ランプやろうそくの準備が必要であった。

修行は、おおむね次のような内容である。

1郷土史と神社史　2社人心得と祭式　3祝詞奏上とその意味の講義
4御幣の種類と切り方　5古来伝承神事の唱え事　6冠婚葬祭と社人の務め
7神楽の由来と伝承　8宮司見聞（試験を含む）
9修了証書並びに護身神法伝授　10毎夜のみそぎ

みそぎは、午前二時（丑三つ）から始まる。神社からの真っ暗な階段を無言で下る。場所は神社の下方、一ツ瀬川の御手洗い淵である。途中で人に出会ったら、引き返して再度神社から出発する。三月まだ水も冷たい中、水につかって祝詞を奏上する。水からあがり、服装を整えて神殿にて祝詞を高唱する。昼間は太鼓や神楽の稽古が繰り返し行われ、祝詞の暗唱もこの時期に習得した。書き物や御幣切りなど、修得することは多く、最終日には宮司の見聞があり、一人ずつ神殿に昇殿して祝詞奏上の試験を受けた。社人としての心構えや起居動作などこれからの自身を律する心身の作法が教えられた。最後は、昇殿して護身神法の伝授、口伝えの後復習して、「護身神法」の一枚の神書が手渡される。これにより、社人として神社の祭典執行や冠婚葬祭、神楽における「神の舞」ができることになり、社人としての責任も大きくなる。彼岸籠りは現在でも継続され、社人としての精神修養の場として大きな存

彼岸籠りへの石段

在であり、神道の継承と「祭」の伝承に対する責任と自覚を決意させる場となっている。仕事を持ちつつ修行に参加した人の立場に配慮した事項もみられるが、社人養成の基本的な姿勢は変わらず、神楽伝承の根幹に関わる伝統が厳然と生き続けている。

研修に関係する資料には、次のようなものがある。

一　村所八幡神社由緒

1村社八幡神社由緒書　2古老伝説　3御手洗淵の由緒　4神木に関する由緒

5願主参詣の事　6神官　7社領地　8上ケ子の事

二　村所八幡神社社号沿革　三　棟札に見る沿革　四　彼岸籠り

「神社史と社人心得」平成十年八幡神社彼岸籠り　中武雅周氏作成研修資料「唱言（其一）」「唱言（其二）」「御神楽を舞うについて」「神楽歌」「注連荒神問答」「伊勢の神楽の詞」「楽の大事」「神楽囃子」「神楽における神屋・注連・神迎え・神送り・神社・祭典式」「面と舞」（「八幡神社　社人研修（秘伝・伝承）」中武雅周著より）。

日常生活における相談による暮らしの営み、また社人研修における指導者による素養や精神性を獲得するための場は、村人の心に強く生きる姿勢や生活を切り開く行動力を身につける場ともなっている。

4 年中行事と絆の継承

神楽における保存会による機能的効率的な運営の姿は、脈々と続けられてきた年中行事における村民のかかわり方とも深く関係している。正月からお大師さん、お盆、願成就と続く年間の村人の集いの中で、話し合いも分担することも円滑に決められてきた。氏子入りから日常のテゴリに至るまでの信頼と協力の絆が、現在にも継承されている。

次に、村内二地区における年中行事について紹介したい。

正月……昔は一年の始まりを大正月と呼んだ。明治時代に、太陽暦が採用され、新暦の一月一日を年の始めとした。

門松……祖先神は土地神であり、穀物神でもある。その神は山や海を守るために、春が始まる前に訪れるという。その時の目印に、「木や花を立てて待つ」というのが今日の「門松」の始まりという。

鏡餅……鏡は神のしるし、五百年も前から丸形の鏡を型どった物を正月に祖先神にお供えした。

年玉……神が持ってくる「土産」を言う。歳暮は、目下から目上に、年玉は目上から目下に。つまり、「年玉」は神ないし尊者の魂を分け与えられ、それを身につけて良い年を送る心の清めにある。

柳餅……餅を菱形・丸の形にして川ヤナギの枝にさして、外見花飾りのようにして、神前・部

西米良村の年中行事

村所地区		小川地区	
1月1日	雑煮　仕事は休み	1月1日	米の飯を食べる　雑煮は無し グーの芋(サトイモ) を食べる 歯固めの柿 的射　東西米良の家族が参加
2日	ヤマンクチアケ　椎の木を切る	2日	ヤマンクチアケ　椎の木を切る
3日	三日正月　親戚集まり　正月デー	3日	三日正月　親戚集まり　正月デー
7日	七日正月　七草雑炊	7日	七日正月　七草雑炊
11日	帳祝い　農家は苗代起こし	11日	帳祝い　農家は苗代起こし
15日	家のあちらこちらに立てた ムクラウチ(もぐら打ち)	15日	家のあちらこちらに立てた ムクラウチ(もぐら打ち)
2月1日	初午　児原稲荷神社に詣った		
3月3日	桃の節供	3月3日	桃の節供
旧3月	春の彼岸 おはぎや団子を作る	旧3月	春の彼岸 おはぎや団子を作る
21日	お大師さん	21日	お大師さん
旧5月	八十八夜 少量の茶葉を摘んで薬に使う 端午の節供	旧5月	八十八夜 少量の茶葉を摘んで薬に使う 端午の節供
5日	菖蒲酒 フネゴに菖蒲をいれその水を飲む 鉢巻きをする	5日	菖蒲酒 フネゴに菖蒲をいれその水を飲む 鉢巻きをする
		6月15日	クワバレ(鍬祓い)
		6月下旬	ハゲドンで仕事休み
7月7日	七夕 物干し竿(キンザオ)や花筒の竹切り	7月7日	七夕　物干し竿(キンザオ)や花筒の竹切り 塚浚え　先祖の墓掃除
13日	お盆	13日	お盆
～15日	ミズマクラを墓にあげる	～15日	餓鬼どんのお膳をあげる
16日	ショロサマオクリ　朝早く	16日	送りジョウロ(精霊)
8月15日	十五夜　供え物を盗んでもよいとされた	8月15日	十五夜　供え物を盗んでもよいとされた
		9月9・19・29日	初中遅の九日(九・十九・二十九日)に 氏神様(霧島様・日平・上三財) を祭る
		24日	オッタチサマ
		29日	亥の子餅をあげる
10月	亥の子餅をあげる	10月	ヨドマツリ(神楽)
12月	正月準備	12月	米良神社の祭り(神楽)
		10日	正月準備
		15日	餅つき
27日	餅つき	27日	神棚への供え
～28日	神棚への供え 年木を部屋や屋敷外、墓に供える	～28日	年木を部屋や屋敷外、墓に供える 新しく火のトギの大木をジロにくべる
31日	新しく火のトギの大木をジロにくべる 年越し　コバで育ったソバを食べる 門松づくり　トビを下げる 正月料理づくり 薪やその他のものを準備	31日	年越し コバで栽培したソバを食べる 門松づくり　トビを下げる 正月料理づくり 薪やその他のものを準備

※平成二十五年村所自治公民館での講話資料
※宮崎県緊急民俗分布調査カード（中武雅周氏作成・寺原重次氏調査）

屋の長押にさす。

三月節句……昔は、草・わら・木・紙などの人形を作って飾り、節句に川に流す習慣（厄払い）だった。

大師祭……三月二十一日に、米良では春の祭りを行った。昔は地区内のお参りが賑やかで、お参りの人には団子や寿司等が配られた。

五月節句……端午の節句。昔は掛け軸のような物があれば上等で、飾り人形はなかった。お供えに、餡入りの巻き・竹の葉結び（ササムスビ）・かしわ餅・サルカケ餅をあげた。家飾

昭和９年頃の小川村

昭和14年頃の村所中心地

昭和９年頃の越野尾

（いずれも田爪茂明氏　撮影）

りには、カヤ・フツ（よもぎ）を束にして、家の四隅にさす。川ショウブを小さく切って、湯に入れた（ショウブ湯）。

大祓……村所八幡神社夏祭り、米良弥太郎重鑑公の命日で氏子の参拝が多かった。半年間の厄払いで心の清めをした。

七夕……旧暦八月で竹時の良い月。「木六・竹八・カズラ十」と呼ばれた季節。この日を期して、きんざお、花筒等を作った。竹はこの時期に切らないと竹の中に虫がついた。

お盆……初盆の家では、十三日の夜に精霊様迎えをする。その他の家では、十四日の早朝、精霊様迎えをする。お迎え火を午前四時ころ玄関先の庭でたく。明るくなると、お茶を御神前に供える。餓鬼どんにも供える。

十五日親戚参り初盆参り。神前に川魚をあげた。墓には、「水まくら」なる米・アワ・キュウリ等を混ぜて、カジの葉に載せてあげた。精霊様に三度三度の食を差し上げる。餓鬼どんにも一皿に入れて下の座に供えた。翌日は精霊様がお発ちの日なので、寝る前に団子、ソウメンを食事につけて差し上げ、餓鬼どんには、一皿に団子を盛り、その上にソウメンをのせて供えてから寝る。

十六日朝早く精霊様送りで送り火をたく。精霊様にはお茶を差し上げ、家族そろって火のそばでお送りする。

中秋の名月……十五夜さんのお供えの団子等は、盗んでもおこられなかった。お供えには二通りあり、その一つはどじの戸を開けて突き臼の上にヨソリを置いて、その上にお供えをした。二つ目は、縁側（板縁）に、ヨソリを置いて供えた。お供えの品には、秋のとれたての果物、団子等をあげた。花はハギ・ススキ・オミナエシ等を花瓶にさした。栗は一升枡に入れた。横に、ろうそく、線香をとぼした。

重陽の節句……九月九日には、栗の飯を炊いた。

各神社の祭り

正月の準備……墓掃除、墓にお供え、餅つき、神仏・床の間・竈等各所にお供え、門松、火の伽《とぎ》取り替えなど。

大晦日の大祓式……村所八幡神社で行われた。

二　番付にみる内容の特色

㈠　神楽に対する人々の敬神

番付には、懐良親王及び菊池氏（領主米良氏）崇敬の歴史と由来に基づく物語と、その後裔である氏子による先祖神や山の神・水神・火の神等暮らしに直結する土地の神々が登場し、地域の繁栄や人々の暮らしの安全発展を願うものにより構成されている。

西米良村では、南北朝時代、南朝の流れを汲む征西将軍の宮及び公家武将による入山伝説が大事に継承されている。将軍の宮は、隠れ忍ぶ暮らしの中で能や舞を娯楽とされ、それが神楽に発展したものであるともいう。将軍宮方の遺徳をしのび、尊敬する心が、神楽への舞に深く込められている。

菊池氏は懐良親王を奉じて九州地方を掌握したが、やがて勢力を失い、米良へ入山した。神楽番付には、初代の米良重為から、非業の死を遂げた二十八代重鑑に至る米良領主に対する崇敬及び鎮魂の意が込められた八幡様の舞がある。祭神、天照大神、稲荷、山の神とともに先祖や地域の神に対する村人の深い思いをうかがうことができる。

村所神楽においては、米良の歴史や物語にちなむ懐良親王をたたえ偲んで、大王様、大王様父上の爺様、同じく母上様の婆様、その孫たち（または七人の公家とも称される）が登場し、過去から現在につながる身近な存在として大切に伝承され、舞に組み込まれている。大王様への尊敬、爺様との別れ、残された婆様と孫たちとの穏やかな生活、子どもたちの自立等を人生の物語に例えて構成し、故郷のあたたかさを表現するものとなっている。また、人々の心には米良領主に対する敬神の念厚く、八幡神社の祭神を代表する舞として登場させている。多様な神様の登場や、伊勢神楽と岩戸物語神話の演目に続き、部屋の神が登場する。女性の姿で、陰陽を説く男女両性を備えた部屋の神は、汁杓子、しゃもじ、すりこぎ、こがれ飯を腰に提げ、観衆の中に入っていく。面白いしぐさで周囲を笑いの渦にする。村所神楽、小川神楽、越野尾神楽の番付には、蛇神楽、田の神、唐っ旦エナ褒め、七ツ面、火の神、部屋の神、笠外しなどがみられ、一族の安泰、子孫繁栄や五穀豊穣の願いが織り込まれている。

小川神楽には、祭神の磐長姫命、地区の氏神様・鹿倉大神・宿神・八幡大神・天神・荒神・蛇神楽、老女と七人の男神を表現した子すかしの舞である七ツ面、子孫繁栄の願いを込めたエナ褒め、部屋の舞、豊作祈願の田の神舞、シシトギリ、竈の神である火の神舞がみられる。また越野尾神楽には、祭神である白稲荷・赤稲荷、山の神、水神、柴荒神、室の神、童子病除の笠外しなどの舞がみられる。

注連建て

献　饌

西米良神楽七つ面

西米良神楽大王様

西米良神楽八幡様

西米良神楽爺様

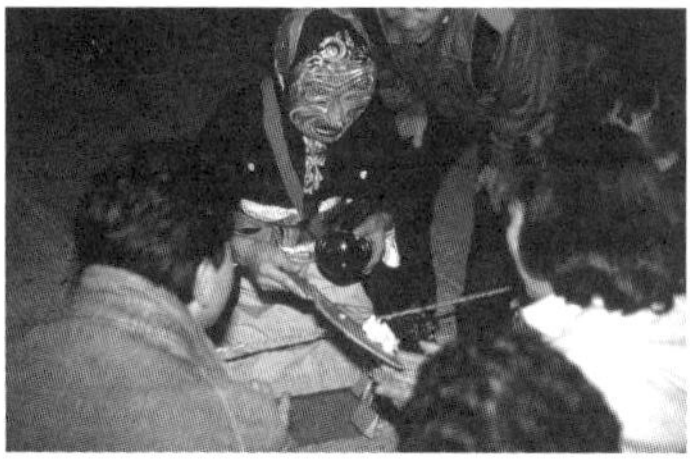

部屋の神

西米良神楽婆様

シシトギリ

西米良神楽御手洗様

村所神楽三十三番全ての番付が終了すると、最後に、「シシトギリ」が行われる。狩面シシトギリは、狩猟の盛んに行われた猪の狩りを模した狩猟儀礼を神楽に取り入れたものである。第二次世界大戦の最中まで猟友会によって伝承されていた猟祈願の神事である。途中途絶えていたが、古老の記憶や村に残る「西山小猟師」の古文書に記載された猟祈願の作法をもとに、平成五年復活したものである。山の神に暮らしの糧を与えられた山の民の敬虔な祈りを、神楽に取り入れた狩法神事である。

小川神楽では、二十九番の番付に「獅子トギリ」として狩猟作法を織り込んだ狩法神事が位置づけられている。豊かな自然の中には多くの動物が生息しており、動物の肉は貴重な蛋白源として大事だった。古くから行われてきた狩猟は、多くの獲物を得るための狩りのきまりとともに、山の幸を恵んでくれる山の神様に対する敬いと感謝のしきたりも包括し、重要な村の文化として大事に継承されてきた。シシトギリは、その会話、装束、狩りの工程や感謝など、村人の生きる姿と精神を伝える貴重なものである。

(二) 崇敬する諸神

神楽の番付に登場する神々には土地の歴史を作り上げた先祖神、祭神として崇敬する神々、一族一統の家族と縁戚につながる神々、火、水、田、山などに関する神、狩猟神など、先祖から受け継いだ様々な諸神の姿がある。それらの神々は、日常生活における周囲の山々や谷や川などの土地、屋敷、仕事の場などあちらこちらに存在し、清らかな場として大切に守ろうとする人々の心がけにつながっている。神楽は、日常生活の場に生きているともいえる。

神楽継承を重視する村民の思いは、他の様々な信仰崇拝のうちの一つともいえる。

西米良村は周囲を自然の豊かな環境に恵まれている。村内の各所に諸神を敬い、崇拝する場所を多く有している。一日一日を生き、明日の幸せを願う心の支えとしての諸神がある。その中から幾つかを取り上げてみたい。

氏神……家・親族をまとめることは最も基本的なことである。氏祭りは、家の先祖や一族の祖先を

屋敷神

田の神（竹原）

山の神

各家で祀るものである。氏神は、土地の鎮守の産土神として、集落全部で祀る場合もある。

屋敷神……屋敷の中に小祠を設け、家・屋敷、あるいは周囲の山や環境の安全、除災を願って、年間のどこかで神官にお願いしてお祓いの祈願を行う。地主神は土地を治める神であり、数人の土地所有者によるお祓いの祭りも行われる。

水神……生活に用いる水は特に重要であり、飲料水や田畑に使う水を取り入れる場所を清浄に保つことに注意が注がれてきた。川や淵などに金物を投げ入れたり、汚したりすることは禁じられた。また、水神の通る道に家を建てたり邪魔な物を置いたりすると、いつもと違う事態や現象が起こることがあった。越野尾では、大事に水神祭りを行う。

火の神……竈を使う日常には、火の安全に注意をした。茅葺屋根の時代には、火事を起こすと大きな被害をもたらした。宇納間の火伏せ地蔵に代参者をたてて、毎年祈願を行い、お札をもらってきて集落の人々に配っていた。地域の辻にも火の神を祭る。願成就の時にお祓いをする。鶴集落では、火の神祭りを丁重に行う。

田の神……竹原では、水田を開く時に田が崩れないように、そして、水不足なく米がよくとれるようにと願い、また仕事の安全を願って田の神様を田の周辺に置いた。田の神は川や近くから掘り出した自然石で出来ており、農作業の始まりにはお供えをして安全や豊作を祈願した。棚田を開く苦労には、水路を引く作業も加わり大きな負担だった。その苦労を忘れないために、現在でも個人での祭りが続けられている。

山の神……村内には、市房山、石堂山、天包山などの一〇〇〇メートルを超す山が連なっている。これらの高い山全体が神の山として祭られることもある。例えば、市房山は神様山と呼ばれる。その深い森林や谷川を範囲にして、生息する動物も多い。狩猟は猪、鳥、兎などを対象にして行われ、貴重な蛋白源として人々の食料となった。人々は山の神様や狩猟神であるコウザケサンに対して、祠や自然石を建て、狩猟の始まりや祭りの時に御幣をあげて豊猟感謝の祈りを捧げてきた。中でも、狭上神社と上米良の本山神社のコウザケサンは古いとされる。

かりこぼうず……米良地方には、山の神様や水神様と信じられ恐れと親しみをもって伝えられてきた神様がある。「かりこぼうず」（カリコボウとも）は狩子のことで、山にあっては猟に関する神様だといわれる。しかし、水に棲む時には「がっぱ」と呼ばれ水神様として祭られる。米良の山では、春の彼岸から秋の彼岸までは水の中に棲み、秋の彼岸から春の彼岸にかけては山に棲むといわれている。山仕事の安全や焼畑における火の災難除けを祈願して、人々が心から信仰してきた神様である。ふだんは何事もない神様も、通り道を塞ぐものを設けたり、決まりを守らなかったり汚したりした時には、夜などに驚かされることがある。水に入ったがっぱは悪さもするが、相撲をとったり、魚を投げ入れたりするユーモラスなところもあり、時には人間の生活に入ってくる親近感のある神様であった。自然を大切にする村民により、カリコボウ伝承は大切に守り続けられている。

鎮守……村内には、村所八幡神社、上米良本山神社・矢村神社、狭上稲荷神社、竹原天満天神神社、

横野産土神社、越野尾児原稲荷神社、小川米良神社が産土神社として存在し、正月や夏の大祓、秋祭りの本殿祭など年間にわたって村民に崇敬されている。

これらの神々は、年間のどこかで祭祀や祈願祭が毎年行われる。長年にわたって継承され、日々の生活の中に、村民の敬虔な信仰心を深める場となっている。

三　生きるための努力と苦労そして喜び

神楽は、一年を健康で無事に生きたことを喜び、豊穣に感謝し村人が心を一つにして楽しむ祭りの場である。酒に酔い、飲食をともにして喜び語る人々の姿には、米良山に生きてきた人々の暮らしの背景が映し出されている。

自然の恵み……米良の山に生活を営んできた先祖のたくましさには学ぶものが多い。山林の多い土地に耕地を開くことの苦労は言い尽くせない。焼畑農耕は、作場である傾斜のある山に入り地ごしらえをして作小屋を作る。その後、木おろしや下の草を払うコバ切りを行い、周辺に火が燃え広がらないようにカダチ（火絶ち）をつくってから火を入れる。夏コバには大根やソバを、秋コバにはヒエ、アワなどをまいた。アズキやナタネもまいた。

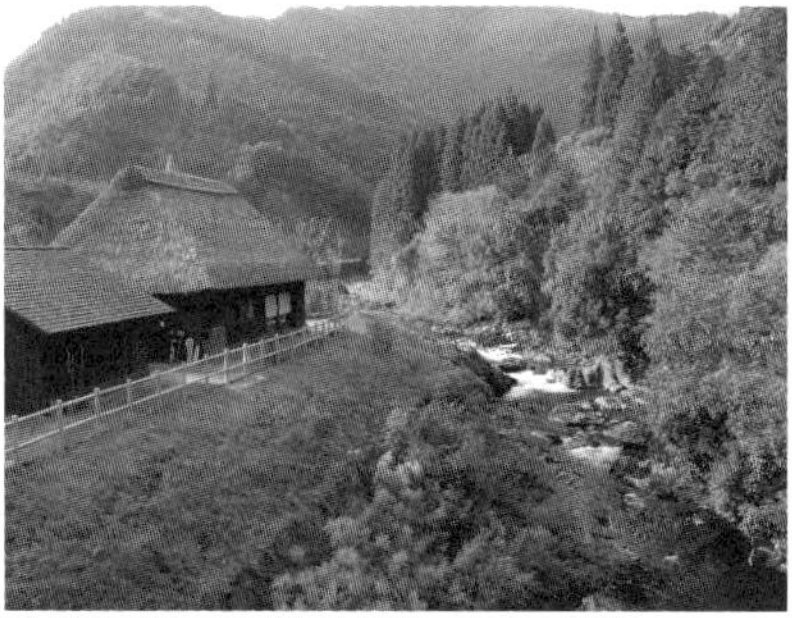

小川の作小屋

焼畑火入れ

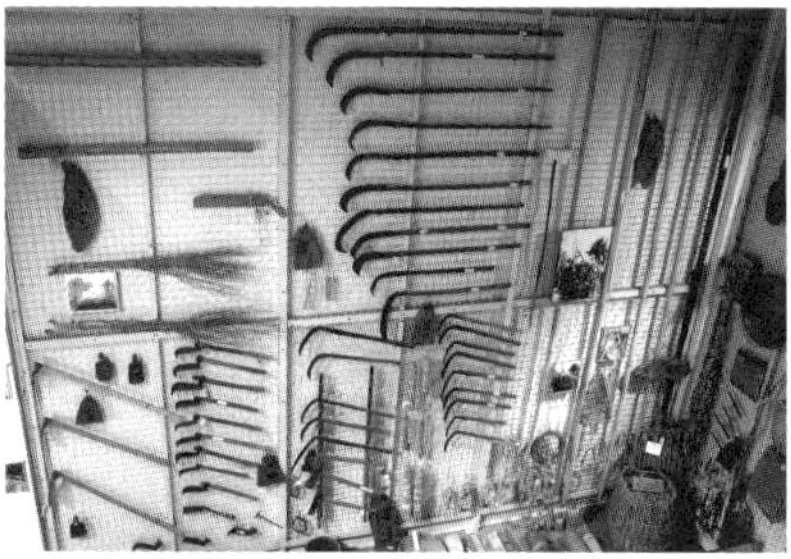

焼畑用具

山の上の高い土地に設けた作場での作業には、多くの人手と作業を必要とし、行き来にも苦労した。獣害による被害を心配して迎えた収穫の喜びは、大きなものがあった。人々は作業の能率を考慮して、川や谷近く下方の集落にある本宅とは別に、作業場の近くに小屋を作った。それが作小屋である。作小屋はまず、水のある所を見つける。山の中腹のなだらかな地形の場所で、谷筋がありきれいな水が流れている所が住むのにもよかった。水は谷からも川からも取り入れた。岩盤を切って通すこともあった。田を築き広げながら、水を引く水路の工事も並々ならぬ苦労だった。上の田と下の田を所有する人とのつながりは、溝清掃から水神祭りに至るまで緊密なものとなった。水があればサコンタロウも水車も利用できる。穀物の精白も毎日の仕事であった。作小屋は生産の拠点であり、住居でもあった。

激しい労働によってコバを切り開き、作物を生み出したかつての焼畑用具の数々が国の重要有形民俗文化財に指定され、現在村の歴史民俗資料館に展示されている。

狩猟も生活を支える大事な生業の一つである。栄養源としての食の確保と作物を荒らす害獣対策としての狩猟は、村人の誰もが経験してきた。猟は、一人で行うかまたは仲間と協力して行われてきた。山の神から与えられた神聖な猟場では、猟のしきたりも大事に継承されてきた。セコが山踏みをして猟場を回り、猪の歩いたあとやすみかを見つけて、猟の手順を決めた。猟犬の育て方やしつけ方も猟に影響する大事な要素だった。猪を倒すための技術も正確さを必要とした。また、鉄砲の玉も自作した。その時に用いる狩人同士の狩り詞も大事な宝である。射止めた猪の運び方、さばき方、分配の方法なども、大事な伝承文化である。犬が死ぬと棚を作り、その上に置いて弔った。そこに自然石を立て、コウザケサンとして祀った。狩りの工程を狩り装束そのままに、面白おかしく演じたのがシシトギリであり、狩猟習俗を神楽の番付に入れて、その大事さを伝承しようとしている。

村内には一ツ瀬川の本流やそこに流れ込む支流が何本もあり、常に清流が流れている。川にはアユやウナギ、マダラ（エノハ）、ウグイ、イダなど、川の幸が豊富である。かつては、川を下る大きなアユを追いかけて銛でついたり、深みにいる大ウナギを知恵比べで釣り上げたという話も聞かれた。現在は、アユの友釣りを求めて県内外からやって来る人も多い。山に入れば、春には春の山菜、秋には木の実や根茎など秋の実りをたくさん採ることができた。自然に食を求めて自給できるものもあった。

食文化……これらの山や野、川など自然から得られる豊富な食物素材を生かして、村独特の料理も作られてきた。ハレ（祝いや特別な日）の日とケ（日常の日）によって料理も異なるものがあった。神楽におけるふるまいの料理は、村の暮らしを伝え、もてなしの心を象徴する伝統的な料理であり、その土地に守り伝えられてきた貴重なものである。近年の人口減少によりふるまいの料理に変化はあるが、その心を伝えるのに十分である。

煮しめ

正月には餅をつき、おせち料理を作る。煮しめは糸巻き大根、里芋、しいたけ、ニンジン、ごぼうなどの野菜を用い、アユやウグイなどを干したものを煮てお頭つきの煮ものにする。猪肉（いりこや鶏肉もある）を入れた雑煮も作った。海の魚が手軽に手に入るようになり、時には無塩（ブエン）と呼ばれた新鮮な魚料理も加えられるようになった。

神楽や祭礼の場では、大勢の人々に食べてもらうために、煮しめは大釜でたくさん作られた。神楽の直会や様々な祭りの場があり、年間に共同で料理を作る機会も多かった。若い人は加勢をしながら、

猪料理昼食

年配の人の味付けの極意を身につけていった。行事の内容によって献立や品数が決められ、料理方法や味付けにもそれぞれの集落の特色ある味が定着していった。

　材料は季節によって様々なものが使われた。糸巻き大根は昔から焼畑のあとに出来る特産の野菜で、外皮の赤と内部の白を生かしておせち料理に使ったり、煮しめにも重宝された。タケノコ、ワラビ、ゼンマイ、シイタケ、セリ、ワサビをはじめ、イセイモ（里芋）、コンニャク、大豆、小豆などもあった。山鳥や猪肉や鹿肉も、御馳走の一つだった。ユズも古くからの土地の味を印象づけるものである。近年は料理への利用のほかに、菓子などの新たな食品開発に対する努力が顕著である。

　川魚も、イダやアユを日干しにして保存しておき、味付けをして煮たり、出し汁をとるのに使った。かつては米が少なく、ムギ、アワ、ヒエ、ソバ、イモを育てていた。それらは、餅に入れて多様な味が楽しまれていた。そばげ（ソバガキ）や、蒸し芋、麦粉での焼き団子などよい茶おけとなった。春から夏にかけての作業の時には、にぼしを作った。にぼしは、干しからいも、小豆、皮をはいだかち栗などを柔らかく煮たものに、餅米を少しのせて弱い火でゆっくりと煮る。砂糖や塩を入れてかき混ぜながらゆっくりと蒸す。餅米が入っているので腹もちがよいため、田植えや作業時の茶おけとした。

餅と団子も、人々にとっては楽しみな食べ物だった。正月には、特別に多くの餅をついた。お重ねは神棚や床の間に大きいものを供え、小餅は白餅、餡餅をつき、粟餅や小豆餅をつく家もあった。竈、台所から納屋など家の各所に供えるので、つく量もその分多くなった。十四日どし（小正月前夜）に柳の枝につける餅は、丸や四角の形にし、色餅にすることもあった。寒のころには、寒餅をついた。食べる分以外はかきもちにした。縁側で切って、むしろで乾燥させて保存した。寒の餅は長くもつと言われた。三月三日の雛節句には、ふつ（よもぎ）餅や菱餅をついた。春の彼岸の中日や秋のお大師さんにも、ふつ餅や白餅をついた。餅は祝いや法事、祭り、家の新築など大きな出来事が終わった時につくことが多かった。

団子は米の粉や麦粉で作った。五月端午の節句には、粽や笹で巻いた団子やさるかけの葉で包んだ団子を作った。夏には、そば粉と麦の粉を入れてそばだごも作った。お盆には、精霊だごを作って供えた。米の粉を用い、餡を入れてさるかけの葉で包み蒸した。精霊送りのだごには餡を入れなかった。旧八月十五日にも、十五夜だごを作った。餅も団子も、季節の行事や家や集落のハレの行事の時に作られるものであり、喜びの思い出とともに人々の心になつかしい郷愁として刻まれている。

囃子や歌……神楽の前半は、「神神楽」と言われる。十八番以降は、「民神楽」と言われ、そこからは飲食も認められる。舞手や神屋に向かって、周囲の客席から神楽囃子が歌われ始める。酒もいっぱい入っての気持ちよい歌もあり、少し酔いの回った声もあるが、場の雰囲気を楽しみ朗々と歌い込まれるその声は、土地に生き、仕事を通して得た力のある声である。女性の歌も入る。掛け合いもある。神楽の場での歌は腹の底から声を出し、思いを表現する歌でもある。日常の仕事の場でも、大きな声で一人又は集団で歌う機会があった。田開き唄や田植え唄、地搗唄、木おろし唄などの仕事唄（労働歌）も残されている。

○米良の山すそ静かに暮れて　宇佐の社に灯がともる
○あの娘《こ》よい娘だわし見てわろた　あの娘育てた親見たい
○鶏はないてもまだ夜は夜中　心静かに舞わしやればよ
○村所○○どんの舞い振り見やれ　どこに出しても恥やかかぬ
○米良の田の元稲穂の波に　大王ほほえみて舞を舞う
○彼岸桜の若葉ももえて　米良の川風身にしみる

また、盆踊り唄もある。暮らしの中で歌われた歌には、祝い唄である祝いめでたや座敷で歌われる桃と桜、小豆島、塩や塩、花の熊本、ほんかい、せんば女、尾八重とめ女などがある。わらべ唄には、米良の子守唄、狩人子守唄、まりつき唄などがある。米良に生まれ育ち、喜びも苦しみも胸に刻んでこの土地に生き、一生を終えた先人の心がこれらの唄から伝わってくる。

方言・昔話・地名……伝承は、古来からの土地に関する姿を推測できる貴重なものである。米良の昔を示す地名・方言・昔話にはどんな内容があるのだろうか。その一例をあげてみたい。

西米良村では、どこを歩いていても出会い頭にあいさつが返ってくる。現在では、方言をほとんど使わなくなってきているが、高齢者の中には、昔ながらの言葉や独特の抑揚で話される方もいる。

「オハヨウゴザンス　チカゴロメッカリモウサンガ　タッシャデゴザンシタカ」
「オミャードケーイキャリモウシタカ　ナニモアリモンサンガヨンナサンセ」
「アリガトウゴザンス」
「アメガフラニャーヨゴザンスガ」
「ウチャーキューハタキモンキリュータノンモウシタ」
「メラハ、ナバハトルルシ、チャハデクルシ、ワラビガデルシ、イモハウメーシ、シシガトルルシ、ハトヤウサギモトルルシ、ハルハヤマザクラガサキ、アキハモミジガキレイデ、ナツハスズシク、フユハユキガキレイデ、イチネンジュウケシキノエートコデゴザンス」

（「西米良村史」より）

「ゆさりからうかぜじゃった　よなけにゃぱったりうちゅうで　あけがたにゃ　すずれてえらかった　めさみゃあて　せだえにでたら　のきにゃ　かなくりが　ずらさがって　きんざおにゃしもがびっしり　にわにゃしもぐりがざっくりと　しとっとじゃが　となりにゃ　しゃてのじろうどんが　かないずれでげんぞうにきとらいたふうのもんで　よべからにぎやけえふうのもんじゃった」

（「家庭教育学級の資料」より）

かつてのあいさつ言葉や日常会話にぬくもりが感じられる。庭先や仕事の行き来に交わされたあじわいのある言葉や独特の話し方は、かつての米良地方の姿を思い起こさせる貴重なものである。日々の暮らしに用いる言葉は大きく変化しているが、使われなくなった言葉に郷愁を感じる人も多い。暮らしに関する言葉（アサチャウケ、マスモノ、ソバヨメ、ヤマビラキ、オニビ、トシギ、オミ、ワロ、ウチカタ、トノジョ、オンジョ、テニャワン、ヒダリー、ホラカス、モドクラカス、ヨカランボなど）には、聞いてもすぐに意味のわからないものがある。狩猟に関する言葉も多く残されている。猟具や装束をはじめとして、狩り場（ニタ、ウジ、ヒラミザコ、スキヤマ等）、狩り法（モヤイガリ、スハノカリ、ナカマガリ等）、行動（センドウ、カリギョウジ、セコ、マブシ、オタドコ、アトミ、トギリ、ホエニワ等）、信仰（コウザケサン、カクラマツリ、イヌコウザケ、ヘンプニチ等）ほか、しきたりや狩り法の決まりなど、工程に添った狩り言葉とその内容についても、狩猟文化を価値づけるものとして人々に伝承されている。

方言は語られることで伝承されるが、昔話を語ることで継承することも大事なことである。西米良村における現在の大人や子どもによる語り部の取り組みは、その願いを実現したものである。昔話も多く残されている。小学校の教科書にも掲載され、多くの人々に知られるようになった木龍うるしの物語は、土地の地形や産物、人々の暮らしなどをよくとらえた物語である。淵に沈むうるしを一人占めにしようとした兄が龍に姿を変えた神の怒りによって命を落としてしまった。村に産する漆の宝のこと、兄弟の仲のよさの大切さ、暮らしの向上を願ってつましく生きてきた村人のことなど、人によって様々なことに心をひかれると思われる。この話には余談があることが地元では知られている。亡くなった兄には妻がいたのである。

「妻は夫を殺した龍神を呪い、淵の水中深く入っていきました。やがて一匹の大蛇の死体がぽっかり浮かび上がり、川下へながれていきました。妻の姿はどこにもありませんでした。村人はその話を知り、二人の霊を弔いました。淵の底に大きな龍の頭をした石が沈んでいるのを見つけた村人は、妻が淵の守り神となったのだと噂しました。妻は身ごもっていたと誰かが言い始めました。それ以来、身ごもった女（はらめ）は、淵の上の道を通らなくなりました。昭和の初めころまで、「はらめは通ってはならぬ」「通る時は淵が見えない山手を通れ」と言い伝え、蛇淵と呼んでうるし兄弟の話を語り伝えてきたということです。」（「淵の守り神」より）。昔話には、人々の大事にした場所や願いや心が様々な教訓とともに折り込まれている。

語り部黒木畩友氏

　このほか、村内には興味ある地名が残されている。鶴瀬、布水流、瓢原、かくれ渕、亀谷など地形や風景にちなむもの、鉱山谷、船場、筏場、猪之津久呂（猪の多く捕れた所）、鉄砲堰、仲間田、松煙小屋、芋洗い渕など暮らしの姿を思い起こさせるもの、八幡轟、古屋敷、釈迦堂、ごんしりやじ、とやけ嶽（天狗岩）、薬師堂、今廟、石堂谷、地鎮塚など、歴史や信仰に関わる地名、その他、鷹原、鷹之尾、木叩き、カナスビ（寒茄子）、袖かけ松など、昔の言い伝えや話として伝えられている地名が多くある。横谷の山法師塚《やんぼしづか》や八重のうんたろ塚など地区によっても、大事にしたい伝承を残す地名がある。

村内に残る様々な地名にも、かつての米良をうかがうことのできる価値ある内容が含まれている。

（「ふるさと探訪」西米良村教育委員会刊）

おわりに

市町村合併の動きの中で、本村は一村独立の道を選択した。その際、村民一人ひとりが村を支える大事なリーダーであるという自覚をもって出発した。村が存続していくために、村の歴史や自然、暮らしの姿をみつめ直し、よき暮らしを求めての取り組みが始まった。大切にしたいもの、残し伝えたいもの、新しく創造していくものを深く考える場があった。これまでの取り組みから、民俗文化を通してみた村の姿について感じたことを三点記してまとめとしたい。

その一つは、伝承を力にして生きる村の姿である。美しい村、よい心、温かな人々の絆がある。人が人に伝えることを大事にし、衣食住をはじめとした暮らしやそれを支える生業の知恵、行事・祭礼・神楽等における喜びや感謝を大切にする心、自然豊かな環境に育まれた貴重な文化、それらの財産を大切にして、よりよく力強く生きようとする村民の姿がみられる。

二つ目は、心に継承されてきた精神遺産が生きるばねになっているということである。村全体には、村や各家の先祖を敬い、大切に守ってきた気風が感じられる。自然の災害に耐え、先祖の苦労を偲び、苦しい生活の日々にも、安心・喜び・感謝をもって生きる姿があった。誕生から死に至るまでの人生儀礼や、繰り返される年中行事を通して、様々な身近な神々への敬虔な祈りの姿があった。みえない不安に耐え、絆を固くして村に生きてきた誇りが、日々を強く生きる姿に変えている。

三つ目は、価値意識を共有し、村づくりに生かす動きがあるということである。現在の村の動きには、形あるものを形としてとらえ、変化するものを加えて新しいものを創り上げようとする姿がある。よき伝統や民俗文化を村民全体が共有し、現在の生活にいかしてこそ、その価値も生きる。

かりこぼうず橋

それを伝えるには多くの人を必要とし、伝統のすばらしさを、みせる、つくる、教える場も必要である。温泉活用に始まった新しい村づくりは、かりこぼうず、作小屋、川床、歴史探訪、菓子、料理など多方面への展開をみせている。向上発展をめざす村づくりにとって、伝承文化は創造の源となっている。現在、その構想と取り組みが加速し、村全体の活気と行動の力強さを内外に印象づけている。今後その動きが益々広がり、西米良村のさらなる発展に繋がることを期待したい。

【話者及び調査協力者】（敬称略）
中武雅周　中武サエコ　濱砂誠二　西米良村教育委員会
【写真提供】　中武雅周　西米良村教育委員会
【参考文献】
中武雅周「米良風土記⑥御神楽」平成十二年
中武雅周「米良風土記米良山今昔」平成十七年
中武雅周「ふるさとの記米良の庄」昭和五十八年
中武雅周「峠秘境横谷」昭和六十一年
西米良村教育委員会「西米良神楽」平成九〜十一年
西米良村「西米良村史」（西米良村史編さん委員会）昭和四十八年
西米良村教育委員会「ふるさと探訪」平成十三年
宮崎県教育委員会「緊急民俗分布調査カード」昭和五十二年

第四節　佐土原びとの伝承

はじめに

平成十八年一月一日、佐土原町は宮崎市と合併した。合併は、周辺の町をどう変化させるのか。合併によって、町の歴史と伝統文化をどう守るのかは、多くの人々の関心事であり、現在の緊急課題でもある。

佐土原の街は、中世から江戸、明治時代を経て現在まで、歴史と文化を開花させた貴重な歴史空間である。吉祥寺、大光寺のある東の方から入るのもよし。佐土原城址、佐土原神社のある西側から入るのもまたよい。通りを歩くと、忙しそうに店の内外を出入りする人、通りの小祠にお参りをする人、二階家から聞こえてくる宴会の笑い声、そんな姿や歓声が幻想となって私の頭をかけめぐる。

町の中には、「サド（イタドリ）が生えていたのでサドハラというようになった」と、佐土原の地名の発祥の地とも伝えられる祇園さんの八坂神社がある。そして、夏の佐土原だんじりで有名な愛宕神社もある。

愛宕神社は、『宮崎県神社誌』（宮崎県神社庁発行）によれば、養老二年（七一八）の創建で、祭神を火之加具土神、天之児屋根命としている。同書によればその由緒は中世愛宕将軍地蔵と呼ばれ、武人の信仰篤く、荒神火の神として火難を除く益もある。初代佐土原藩主島津以久が、佐土原藩の祈願七社の一つに加えたとされる。明治六年県社に列格となり、特殊神事として「けんかだんじり」を報告している。

だんじりとは、佐土原愛宕神社の祭りに出される曳き物のことである。毎年、七月二十三、二十四日に近い土・日曜日に行われる。

平成二十年六月、佐土原だんじりのお世話をされている方々に、話をお聞きする機会があった。だんじりの由来から現在までの活動についての実に詳しい内容であった。七月十九、二十日の祭日も見学することができ、この内容を記録しておく必要を感じた。赤団団長のみにお話をうかがい、青団団長にお話を聞くことができず残念な面もあるが、保存会の方の了解を得て紹介することにしたい。

だんじり本戦

一　愛宕神社のだんじりについて

平成二十年（二〇〇八）六月二十日、佐土原だんじりについて、宮崎市佐土原町上田島において、大野高志氏、赤木達也氏、徳丸彰一氏、大野高博氏にお話を伺ったことをもとに紹介してみたい。

祭りを迎える通り

　古来、佐土原の町とは、上田島の集落を形成した大小路通り（本町通り）を中心とする町並をさす。町並を見おろす高台に愛宕神社はある。夏の祭りの最大の余興のメインが「だんじり」（以下、「」を表記しない）である。

　佐土原の町では、昔から家が密集し、火の心配が最大のものであった。商人や土地の人々は、火難を恐れ、火の神様である愛宕神社を特に崇拝してきた。年一回の祭りは、地区の人々にとっても楽しみな行事であった。昭和の初め頃には、県内でも最大といわれるほどの賑やかさで、商工会の資料によると、五千人の人口に対し多い時には三万人もの人が集まったという。けんかは、明治初期から始まったといわれる。

　この祭りは梅雨明けの最も暑い時期に行われる。その中での最大の呼び物はこのだんじりであり、神幸の時には子供が乗って太鼓を打つ太鼓台となり、けんかの際には、大人が乗って戦いに挑む。

だんじりは、上には天井がついており、四本の棒で支え、八箇所の担ぎ箇所がある。天井は、明治時代には竹で作られていたという。ぶつかるとすぐに壊れるので、布団を下においたがそれも長く続かず、現在のような木製になった。けんかの際には、激しくぶつかるので、天井に鉄板を巻いたり、棒の先端に鉄のわっかをつけた時期もあった。しかし重いこともあって、全体を木製に変えてきたという経緯がある。

現在、けんかは日時を決めて行うが、以前は出会った所でぶつかり合い、何度も戦いがあった。けんかには、血気盛んな若者の血がたぎり、また酒も入っているので燃え上がることもあった。けんかは、相手方を完全にひっくり返すとか、だんじりが壊れて戦闘不能に陥るとかして、勝敗が決することになる。

けんかの合図があって、突っ込んで行く時の気持ちの高まり、胸の興奮は今でも忘れることができないという。「現在でも、だんじりの話になると気持ちが高まって興奮してくる」と徳丸彰一さんは息を弾ませて話す。だんじりの時には、県外に住んでいる人も、どんなに仕事が忙しくても帰郷して、だんじりに参加するのを楽しみにしている人が多く、地区の人口がぐんと増える時期である。

だんじりの状況について、持参した映像をもとに話は進んだ。保存会では、映像も収録して保存継承に努めている。けんかはまず、最初の礼に始まる。各団の選ばれた幹部がけんか用のたたき太鼓を激しく音をたてて打つ。太鼓は命となる大切なものなので、破れないように綱で吊ってある。赤団と青団の地域分けは次のようになされている。赤団は愛宕神社に近い側にある、新町、五日町、八日町、下八蚊、納屋町、上中小路、下中小路などである。一方青団は、曼荼羅、本町通り、十文字などであり、現在の県道を境にして北側が青団の区域である。

けんかに挑む際には、笛、太鼓、双方の力強いかけ声が入り乱れる。このけんかに挑む前の両団の動きを見ることも、見学者にはよい機会である。そこには、団長を中心とした勝つための秘策が隠されているからである。団長の動き、指示、組み立て、綱の締め方、配置、動きその他、何回にもわたって相談し力を合わせて動いてきた総決算を、このけんかだんじりで実行しようとするからである。

一方のだんじりが他方を突き上げ始めた。少しずつ少しずつ相手の中に入っていく。団長は一番上にいて、大きな声で指示を出しているが、かき消されて聞こえない。力の集中かつ効果的な結集が、この瞬間に発揮される。この動きは、消防団の活動と気持ちを同じくする。地域消防団の考え方と全く同じである。統一、チームワーク、人間関係などが全て込められている。この瞬間の力を発揮するために、団長は、一年間心を配る。現在では、このだんじりと消防だけに、地域の人の絆を固くし、規律を維持する場が残されているという。貴重な団体行動の場である。

だんだん周りが熱い雰囲気になってくると、団長の統制が効かなくなり、興奮して危ない行動をとる人も出てくる。だから、それを止める人を決めておく。勝っている時は、軽く感じるが、負けている時はぐっと重みを感じる。肩の端が腫れ上がり、真ん中が腫れ上がり、もう一方側も腫れ上がって痛みもこらえられないほどになるという。

だんじりの重さは、一トン半あり、けんか用と町回り用とでは棒も違い、さらに重くなる。棒の大きさも長さも異なるし、けんか用に入れ替えをし、棒の組み方を変える。その年その年で棒の組み方を変えたり、出し方を変えるのである。赤と青は伝統的に、縄の組み方も違うという。けんか棒の締め方には、三時間はかかる。各団でそれを考え出すための団長や団員とのやりとりも、祭りの楽しみである。けんか棒は四メートル五〇センチあり、その使い方によって動きや全体の計画も様々に工夫できるのである。

審判用の法被を着た二人の審判員が選ばれる。以前は審判員はいなかったが、昭和三十年頃になって作ったという。平成十九年度に法被に替えて羽織を作った。そして、後ろに審判の文字を新しく入れた。審判は、勝敗を決めるのではなく、けがをしたりやめさせた方がよいと状況判断をして決定する役割をもつ。判定は、観衆によって、「赤が勝った」「青が勝った」ということになっている。

あの勢いの中で、もし、どちらが勝ったと言えば、必ずもめごとになることは誰もが想像できるからである。審判が止めに入ることもあり得るからである。（現実には、そんなことは起こってはいないが）両方から長老が出て審判に選ばれ、羽織の下に赤と青の法被を着ている。「だんじりげんかといいながら、判定はそれぞれが行い、今年はこうじゃった。来年はまた、……という気持ちを観衆に持たせて終わるという役割でもあるのではないか」と大野高志さんは語る。

審判は、どちらが勝ったかと尋ねられても、決して言わない。審判が「やめろ」と言ってもなかなかやめない場合がある。例えば、棒と棒の間に手を挟む心配がある時にやめさせようとしても、真剣に進んでいる時には止まらないことがある。また、足をくじくこともある。その状況を判断してやめさせるのが審判の力でもある。審判も目をしっかりと見据えて挑む真剣さを求められる。

救急車の力を借りなければならない事態も想定される。団の脇には、氷水がバケツに入れて置いてある。汗が吹き出るため、水分補給のために不可欠なもので、これを飲んだり興奮した人に脇の人が水をかけたりするのに使う。かつては、焼酎が入っており元気付けとなっていた。

縄の締めには、金槌などで直接叩くようなことはしない。当て木をして本体が傷まないように配慮している。祭りには、生活の総合的な業が入っている。

けんかだんじりの警護についても、状況の変化があるという。以前は、だんじりが戦いをする場面においては、住民の意向に任せてもらえることが多かったが、近年は、警察官の警護も多くなってきた感じである。これも、住民の安全を重視した配慮の姿として受け取っている。また、祭り以外の人が入ってくる場合もあり怪我をすることもあったが、現在はその心配もなくなったという。

撤収後の本体保管場所について、だんじり小屋がある。昔は赤青別々であったが、現在は両方の団が同じ場所に入っている。小屋が出来たのは、昭和五十年代に入ってからである。それまでは、個人の酒屋、味噌醬油屋など大きい商家があった。青は、横田さんの所に入れていた。赤は、公民館の近くの大高さんの倉庫に入れていた。戦前には、赤団は新町、青団は曼荼羅とだんじりを置いている場所をさして呼んでいた。

昭和二十年頃までは、氏子だけしか担げなかった。門外不出であった。それだけ氏子の数も多く、赤団、青団の地区の人しか御輿を担げず、だんじり太鼓にも乗れないという決まりがあった。

だんじりの盛況について、赤城達也さんが旧佐土原村の地図をもとに紹介された。それによると、佐《さ》土《ど》原《わら》村《そん》大字《おおあざ》上《かみ》田《た》島《じま》字《あざ》佐《さ》土《ど》原《はら》町《まち》と記されている。「さどわら」は町全体の事であり、「さどはら」というのは中心部の範囲を指している。愛宕神社は、合祀祭神と称されるが、それは、明治四十四年(一九一一)、上中小路にあった春日神社を合祀したという経緯によるものである。

この地は、近世に佐土原領から佐土原藩へと変わり、明治二年(一八六九)、佐土原城は広瀬へと転城を命じられた。その際、町の中央部の武士が広瀬へと転居し、そこが町人にとってきわめてよい町となった。それまで、愛宕神社は武士の崇拝する神社であったが、これを町人、特に商人が伝統を受け継ぎ、氏子となった。町の運営の主体性が任され、氏子代表を中心にして運営がなされ、商人文化が栄える突破口となった。明治十年(一八七七)、西南戦争が起こり、町の地域は火災にあって焼失した。金柏寺を中心とした上中小路、下中小路、納屋町、新町等が焼けたのを機に、武士の町の姿が終息し、商人文化が盛んになってくる。周囲の農村地帯からも買い物客が増え、佐土原の町が中心となって発展をしてきた。佐土原人形もさらに知られるようになり、隆盛の時期に入ってきたのであろう。

徳丸さんは、大正時代以降、町の発展の姿を示すものとして、こんな話を見聞し記憶している。

この地には割烹料理屋など十八軒もあり、旅館も五、六軒、芸者も多く大歓楽街となっていた。宮崎や住吉、新富のほか、県内からも客が多くやって来た。五千人の町でだんじりに三万人もやって来たというのは、この時期のことであろう。ここには、商売をする人、職人さんがほとんどで、その種類もおよそ九十もの多くを数えたという。樽、籠などの生活用品を作る人、農機具を作る人、大工さん、キセルを作る店があった。和菓子やくじら羊羹を作る店など、菓子屋も三十軒もあった。

それから、町には、生糸を作る繭の仲買人がいた。近郷から繭を買い込み、旧佐土原駅から搬出した（ちなみに、妻線は、大正二年（一九一三）六月、宮崎－妻間が開通している）。職業で一番多かったのは荷馬車業（運送業）であった。当時、商工会には五十社ほどが登録されており、荷馬車がたくさんの繭を旧佐土原駅に持ち込み、活況を呈したという。

明治時代から昭和の始めにかけて、佐土原の町は、物資、金、人や情報が集まる県内でも屈指の商業の中心地となっていたことがうかがえる。けんかの場は、昭和四十五年頃までは現公民館前の広い道路の所で行っていたが、道路が舗装されたため舗装のない旧佐土原駅前に移った。

だんじりには、どんな役割があるのだろうか。愛宕神社の御神体をのせて神幸するのは、御輿である。だんじりは天降る神への目印とし、その存在を知らせるためにカラフルに飾り、太鼓や鉦で音を出し、動き回る存在である。つまり、御神体の神幸を知らせる余興の役割を果たすものである。従って、御輿の後にだんじりが続き、決して御輿を追い越すことはない。御輿は氏子の家を回る中で寄付を仰ぎ、寄付をいただいた方へお礼を兼ねて、今年はこんなふうに行いますという一連の行事を行う。

赤と青の色分けを地盤分けすることについて、その昔面白いエピソードがあった。色は、赤、青にしてはという意見があった。今の青の地区には、呉服屋が五軒もあった。昔の着物は、赤の染料がけさめにくい（変色しにくい）ということが言われていた。また、青は色が変わりやすいということから、赤がよいという人が大変多かったという。決めかねるので、結局はジャンケンか抽選で決めたということである。また、二つのだんじりの他に出たい人も多く、白団で参加したことがある。樽御輿の形であったという。

子だんじりも、三基ある。昭和二十六年頃、小山さんが希望されて作られたもので、祇園さんのための祭り用であったという。製作したのは、福島さんと石川さんともう一人の大工さんの手によるものだという。だんじりの二週間前にある祇園さんに寄付をされて、子だんじりを作って奉納されて以来使ってきたとのことである。祇園さんの祭りが勢いをなくしかけた頃、赤だんじりにという話があって出すことにした。赤が出れば青も作ってあげたいということになり、赤青の子どもだんじりが出来た。現在ある三基は、この当時のものと同じ性格のものではない。現在の三基は、今坂地区で使っていたものを佐土原小学校が現在使っている。那珂小学校と広瀬北小学校のものは、大工さんである図師さんが製作したものである。

昔は中学生も高校生も担いでいたが、酒を飲ませることもあったりしてよくないというので、昭和二十六年頃に子だんじりを設けることになったという。現在は、各学校が地域の祭礼にどう参加するかという趣旨に則っての御輿参加である。だんじりに参加できない子どもは、今も担ぎたいという願いを持って参加している。だんじりのあとを、担げない子どもたちが、赤と青の法被を着て走ってついて行く姿がみられる。

祭りに参加することは、子どもたちにとっても誇りに感じられるようである。また、小さい頃祭りに参加した人は、「人の背中に担がれたり、人の肩に乗って太鼓を叩くことは、ふわーっとした気持ちになって、何ともいえないほど気持ちのよいものだった」と当時を振り返る。だんじりに参加したその時の気持ちは、生涯忘れられないもののようである。

愛宕神社のだんじりは、旧六月二十三日、二十四日である。近年は土日でないと参加者が得にくいという事情もあり、愛宕神社に許可を得て七月二十三日、二十四日に近い土日に変更した。七月には、町内には祭りが多い。こくどさん（農神）の一週間後に、八坂神社の祇園さん、水神さん。次の週が愛宕さん、その次の週に巨田神社の祭りと一週間ごとに祭りが続くという祭りの多い地区である。

祭りは、大半を寄付に頼って行うこともあり、商人その他の富裕層が、佐土原の町には多かったことを示している。現に、大阪、京都辺りに行っては帰り行っては帰りして、商売や文化の移入にと努めていた人の名や商店名がすぐに出てくる。また、高齢の女性に挨拶をすると、「おうきん」とか「だんだん」という言葉が聞かれたこともそのことを表しているという。

団長の仕事は、たくさんある。赤団の大野高博さんは、「団員は、元気のよい人ばかりです。先輩もあり、色々なつながりのある人ばかりです。みんなに協力してもらっているからこそ進めることができるという思いの中で、しっかりとまとめなくてはという責任も強く感じます」と語る。また、「人とのつきあい方、その人その人の個性もあり、人間関係には大変気を遣います。けんかになるので、相手の団のことも考えて進めなくてはいけない。勝つためには、担ぎ手に喜んでもらうことが一番です。祭りごとなので、何と言っても勝ってうまい酒を飲みたいですね。楽しくないとみんなやってくれません。でも、一番価値観を見いだせるのはこのけんかの時なんですね」。年に一回の七月の第三土・日曜日に集中して一年間をやっているので、いい結果を出したい。けんかのことを気にしながら、色々な思いをめぐらしている。赤も青もそれぞれに、寄付をいただきに回り、資金面の調達にも工夫努力している。

「団長は、三百六十五日、だんじりが頭から離れないだろう」と、その仕事を知る人は言う。かつては、けんかがとにかく多かったという。それを止める一般の人がまた、けんかを始め、何が何だか分からなくなることがよくあった。それに比べれば、現在はけんかが減ってきたという。昔は、町内の人が二つに分かれ、お互い同士は幼なじみでよく知り合っていた。だから、けんかをしても、祭りの夜には、悪かったなと謝ったり、もう忘れていたりして仲直りができたものだという。祭りを支える人々も、昔のように大勢でなく、また人々の生活にも変化があるため、現在の状況に応じた心の合わせ方を工夫することも重要なことのようである。

団体戦は、団員と団長とのチームワークがよくないと絶対にだめである。構成がうまくいったところが勝つ。けんか本番に対しては、十五、六名の幹部と団長が検討して、位置や高さやその他の作戦を決める。天井には奥に団長、手前に副団長が乗る。あとの幹部が、細かな部分まで指導をする。だんじりの話し合いは、三月に始める。話し合いを土・日曜日に設けるため、正味の活動時間が不足するからである。

早く始めて、着実に段取りをし、声をかけて固めていく。計画をしながら行動を進めていく日々である。棒につくマチまわりには三〜五人、ケンには四、五人がつくが、けんかの際には、人数変更や配置の重点を考えて作戦を考えていく。状況に対応して、基本の組み方をもとに、作戦会議を毎回毎回進めていく。人集めをし、寄付集めをし、欄干の修理や太鼓の張り替えなど、色々とその仕事に一年中かかっているといっても過言ではない。「終わった時が、スタートです」という言葉には、団長としての使命の重責が象徴されている。また、「だんじりは、人、物、金の総合文化財に、心が入っていることだ」という話もあった。

現在は、指揮系統がしっかりとなされ、よくまとまっていると、先輩の経験者は褒める。人数が多いということは、必ず勝てるという条件にはならない。人数や力の集積、回し方、瞬間の判断と指揮が、全体の動きを方向付ける。団長の役割は、全体や細部を絶えず思い浮かべながら、最良の条件を感じ取り、一気に決着を図る総合指揮官である。勝敗にこだわりをもちつつ、人の心を一本に撚りあげる魔術師の感がある。

祭りは、成人になるための通過儀礼とも解される。若者の参加は、十七、八歳であった。酒も飲ませてもらえるようになり、大人になったような気がした。だんじりを担ぐ人たちと消防団の人たちは、連動している。担ぐことができる人は、成人の仲間入りの資格にもなっている。

現在、消防団には赤と青の団員が入り交じって参加する。それが、だんじりの時には、お互いに敵愾心を燃やしつつも信頼できるというよい関係づくりにもつながっている。以前、高博さんの若い頃には、青団の中に赤団所属は自分一人だけという時期があった。先輩の青団の人ばかりの中で、一週間に迫っただんじりの話が消防団の飲み方の席でたくさん出され困ったという。つらかったが、いい経験になったという。消防団は、三十五歳までであり、退団すると、だんじりは担がなくてよかった。また、昔は御輿を担ぐのは、赤と青が年ごとに交代に行っていた。しかし、人手が少なくなった現在は、合同で御輿を担ぎ、だんじり担ぎにも年齢制限がなくなってきた。

二　佐土原だんじりの行程

平成二十年（二〇〇八年）七月十九日㈯、そして二十日㈰に、愛宕神社だんじりの流れを見聞した。流れの途中で、思い感じたことを記したものであり、感性的なきらいもあるが、当日の雰囲気を伝えることを第一義に記してみたい。

十九日には、赤団は公民館に、青団は太陽銀行の所でだんじりを組み立て、その後に愛宕神社にお祓いを受けに行く。赤団は愛宕神社に近い側にある新町、五日町、八日町、下八蚊、納屋町、上中小路などである。一方青団は、曼荼羅、本町通り、十文字などで構成され、現在の県道を境にして北側が青団の区域である。

愛宕さんは火の神様である。家の建て込んでいる佐土原の町では、大変大事にされてきた神様である。その愛宕神社の祭りを、氏子の方々が大切に守ってきたが、最近では、氏子以外の人にも担がせてほしいという声も増えてきているという。

御神体の降臨

午後四時四十五分、上田島の町には、通りに注連縄がずっと張られている。赤白青黄の御弊が下げられ、各店の前には水が気持ちよく撒かれている。人々がずらりと通りに並び、御神幸の来るのを待ち受けている。愛宕神社の境内には、青い幟が何本も立って風にはためいている。夏らしい心地よい風が椎の木の枝をゆらし、とてもにぎやかな夏祭りとなった。

深い森に囲まれた愛宕神社は、明治時代には県社であり、大正時代には神社の改築がなされている。

五時二十分、神社の森にある本殿において行われていた神事が終わった。宮司を先頭にして、神霊が石段を下りてきた。宮司の低い声が山々に響き、「ウォ――」の声がとぎれないように氏子の

神幸行列

「ウォ――」の声が続く。宮司が石段を下りて来て神霊を御輿に移す。そのあと、出発前の神事が行われた。神事に参加する人、御輿を担ぐ人ともに白装束の衣装である。

御神幸行列には、男女の子どもから年配の男性まで様々である。御輿を担ぐのは、氏子であることが条件であるが、小学生の姿もある。鳥居の向こうには、赤団、青団のだんじり、そして子ども御輿が行列の到着を待っている。この後、愛宕神社からのなだらかな坂を下って、西にある鳥居をくぐり、第一の旅所へ向かう。

午後五時三十七分、鳥居の前に赤と青のだんじりが迎えに来た。五十分には、子ども御輿が神社の西にある鳥居の前に集結した。

五時五十七分、笛、太鼓・鉦の音に合わせて九頭の獅子が舞い始めた。御輿を担ぐ子どもたちが、法被を着てやってきた。

六時四分、花火が上がり、御神幸が愛宕神社を出発した。

宮司を先頭に、愛宕神社奉納の幟、槍、赤白の幟、太鼓、鈴、笛、それに子どもの御輿が続く。鳥居に近づくと、ワッショイワッショイと御輿を担ぐ人の大きな声が聞こえ始めた。獅子舞、御輿と続き、だんじりがその後に従う。だんじりは、神様の見守りの役を果たすのだという。これから、商店街の中にある公民館に宿泊となる。

第一日目は、模擬戦を午後七時頃、本町通りで行う。第二日目は十時に出発し、昼前に各所を回り昔の駅前の所まで行き準備をする。本戦は、午後五時頃にある。第一回模擬戦の後は持ち場へ帰り、慰労となる。だんじりの棒はその日に撤収する。夜には十時まで町内の大通りが歩行者天国となり、店が建ち並び多くの見物客を迎えての祭りとなる。昔はだんじりのぶつかり合いがひどく、大けがをする人もいた。だんじりも壊れてしまうほどにぶつかりあった。

御輿

子だんじり

御神幸は、鳥居を抜けて西へまっすぐに進み、迂回して旧薩摩街道の分岐点近くの店を第一お旅所として休憩する。御輿を担ぐ人や子どもたちに、酒や飲料水、お菓子が振る舞われている。だんじりは、重さが一・五トンもあり曳くのにも力が入る。汗をぐっしょりとかいて、若者たちが地に座って一休みである。

六時十五分、各通りには注連縄が張り巡らされ、それをくぐって人々が通りに顔を出している。御神幸は、これから氏子の家を一軒一軒まわる。通りには、各家から家族が一同で出迎え、声をかけたり手を合わせたりしている。三つ角や家の門の前で御輿が止まると、その下を子どもや赤ちゃんを抱いた人々がくぐっていく。こうすると、できものが出来にくいといわれている。お礼にお賽銭をあげている。子どもの担ぐ賽銭箱にも人々が次々に志を入れている。

六時二十五分、ゆっくりと御輿は進む。西の道路に止まっているだんじりの太鼓台の音が響く。子どもたちの子だんじりを担ぐ声も元気に聞こえてくる。御輿は、狭い通りを東に向かい、やがて引き返してきた。そして、通りを北へ向かう。ゆっくりと進んでは休み、進んでは休みして氏子の家を回ってゆく。暑かった日差しもようやく西に傾き、笹を抜ける風が心地よくなってきた。ワッショイ、ワッショイという元気な声がピッピピッピッという歯切れよい笛に調子を合わせて駆け抜けてゆく。

赤団だんじり

赤団団長

ドテドンドテドンサッサイと

青団の団長とだんじり

青団の担ぎ手と太い棒

いう表現が他の紹介にあったが、ドテドンは太鼓の音で、サッサイサッサイと聞こえるようにもある。サッサイは止まっている時に言うという。

今年は、青団が先に進む。通りは、まっすぐな一本道である。旧街道の家並みと昔ながらの雰囲気をかしこに残している。家の前には水が撒かれ、注連縄が張られて、格子戸のはまる旧家が静かなたたずまいをみせている。

六時四十分、赤団のだんじりが一気に滑るように佐土原地区公民館を回って走り去った。真っ赤な長法被にキリリとハチマキを締め、大うちわで動きを指揮する団長の粋な姿が際だつ。町のあちこちには、ゆかた姿の人々が増えてきた。太鼓の音が街中に高く響き、子どもたちのワッショイワッショイの声も元気に聞こえてくる。陽が落ちるとともに提灯が輝きを増し、祭りが熱気を持ち人々の心が高揚してくるのが感じられる。

御旅所には、たくさんの人々が集まり、飲物を差し出したり、水を撒く人もいる。これから、模擬戦に向けて進む。西に青団、東に赤団が陣取っている。赤団は、松厳寺の方へ向かった。青団は、宮崎銀行から北へ斜めにとって進む。だんじりは、通りのあちこちを巡り始めた。やがて、大通りへ出て模擬戦を行うため、途中で小休止している。

大通りに、御輿が入ってきた。スピーカーが御輿の到来を告げ、下をくぐる人々が続いている。通りの両脇には提灯、注連縄、幟が賑やかに飾ってあり、本当に夏祭りという感じで、氷氷氷という文字が風に翻り、カラフルな売り物を陳列したたくさんの店がずっと続いている。浴衣姿、着物姿、短パン姿の人、思い思いの格好で人々が歩いている。

夕日に御輿の屋根がきらりと光り、大きな声とともに愛宕様が動き始めた。ドドンドドンッと、豊年太鼓の音が腹に染み渡る。「霧島様は西の方、……」と、音頭が聞こえてきた。背景には、ワッショイワッショイの子だんじりの高い声が入る。蓑笠に紅白の花をつけ、揃いの浴衣、黄色い帯、扇子を持った踊り手が輪になって踊る。中央に三本の竹で支えた小太鼓が置かれ、一人が太鼓、一人が音頭をとっている。

七月二十日は、十時に町内を回り始める。昨夜の疲れもみせず、いざ決戦の心を秘めて旧佐土原駅に十二時頃に着く。午後からその場を出て、愛宕神社に向かう。その後、けんか本番の会場に向かう。五時には喧嘩だんじりの本戦開始である。例年、およそ一時間ほど戦いが行われる。戦いの後、宿に帰り団長のあいさつがあり、だんじりを解きにかかる。戦いのあとをふり返っての語りは

観　衆

翌日に及ぶことも多い。これが、大方の行程である。

さて、午後四時となった。旧佐土原駅前、砂利土の喧嘩だんじりの会場にいる。赤団が東の広場で、青団が西の広場で、それぞれに綱締めの調整をしている。赤団ではだんじりの上に乗り、あるいは下をくぐって綱締めに余念がない。本戦の役割配置の発表もなされている。青団が、エイエイエイエイエイエイエイエイと声を揃え、猛スピードで綱を引き締めている。何度も何度も繰り返している。

こうして、本戦に備えた両団の秘策の時間が過ぎてゆく。中央近くの水汲み場には、たくさんのボトルを下げた若者が両団から繰り返しやってくる。熱気で、額も法被も汗でぐっしょりである。しかし、その笑顔がはつらつとしていい。若者と祭りは、町の宝である。

五時十四分。消防車が来て水振りを始めた。この消防車の合図で開始となる。五時十五分。両団とも、ほぼ綱の締めが完了した。打ち合わせを終えて、両団とも、太鼓の締め、衣装の整えをして、気合いを入れ、緊張感が高まってきた。青団は、御弊をだんじりにつけた。周りにはいつの間にかびっしりと人垣が出来た。いつの間にか、飲物や氷を売る店も出来ている。

五時十七分。赤団は、太鼓の具合を確かめ、だんじりに手をかけた。消防車のサイレンがなった。夕日を受けて、青と赤の法被が輝いた。激突開始である。…………。開始したと思った瞬間、だんじり本戦はあっという間に決着がついた。見物している人には何が何だかわからないうちに、青団が赤団のだんじりに入り込み、傾かせていた。青団が赤団のだんじりを圧倒して、青団の勝ちとなった。

本　戦

台上のリーダー

近年こういう決着のなかった赤団にとっては、何とも悔やまれる一戦となった。赤団は、また来年を期して、気合いを入れて佐土原地区公民館へと向かった。この会場には、青団の勝利の歓声と太鼓の音が高く鳴り響いている。開始後、随分時が過ぎた。観衆は大喜びして加わる人、帰途につく人、それぞれである。

そして、今六時。夏の風物詩、今年の佐土原だんじりは終わった。

勝敗はともかくとして、今年も勇壮にぶつかり合った愛宕神社のだんじりが行われたことは、歴史の一ページを飾る素晴らしい一年となって残ることであろう。「終わった時が始まり……」という団長の言葉が祭りの余韻とともに深く心に残った。

おわりに

商人町の気風を残す佐土原だんじりは、今年も健在であった。しかし、そこには、社会の状況や時代の変化に翻弄されながら必死になって伝統文化を継承しようとする多くの人々の努力と工夫があった。自主独立の開催は、祭礼行事の本質ではあるが、それを支えるのは町の人々の力である。祭礼の維持発展を支援する他地域の行事開催に学びながら、行政・民間の支援体制がさらに充実することを願うものである。一年間を佐土原だんじりにかける、多くの方々の熱い思いや御努力に敬意を表します。

【話者及び調査協力者】（敬称略）
大野高志　赤木達也　徳丸彰一　大野高博　正手彩子　小園礼奈　古賀文子
【写真提供】　那賀史彦

第五節　水に祈る人

はじめに

日々の生活において、人の心の隅から離れないものがある。それは、水、火、生老病死、そして、人などの事である。山と川、空と海、太陽と月・星などを仰ぎ見る時、その土地土地の人々の心に雲のごとく去来するものがある。中でも、水に関しては毎日のことであり、命と向き合う重要なものであり、日々の暮らしに直結する重要なものである。それらのことに対し、先人はどう向き合い行動してきたのだろうか。その姿を記録紹介することで、残すべき大事なものは何かを考える機会としたい。

鹿児島県曽於市に大淀川の源流がある。その山上の窪みから一滴の水が滴る。玉の水はゆっくりと流れて支流から本流へとその量と速さを増し、やがて日向灘へと注ぐ。魚を棲まわせ、植物を養い、人々の暮らしの水をまかなう。必要な水の確保は、多くの生き物の命を育んでいる。しかし、近年の不順な天候と豪雨災害は、人々に大きな不安を与えている。大量の雨が一度に集中して降り、堤防を破壊し乗り越えて、人々の住む住宅地や耕作地で氾濫し多くの被害をもたらしている。多すぎれば一瞬にして多くの人命を奪い、自然を破壊する。一方、水は一日たりとも欠かすことができないものであり、不足すれば即生活に困り、多くの不安をもたらす。水は多すぎても少なすぎても、人々の命や生活に直結する重要なものである。

平成二十四年秋、西都市三納樫野地区を通り過ぎようとしていた。竹笹を抜けて小さな林に、竹のカルイカゴを背負った女性が消えていく姿が見えた。何となく気になった私は車を止めて、丘になっている林を上った。女性は落ち葉を集めていた。「落ち葉をどうなさるんですか」と尋ねると、「田んぼに入れて肥料にするんです」の言葉に続いて、「ここは水路の水が来ないので天水で農業をしているんです」と答えが返ってきた。

これまで、穂北の用水路をはじめとして各地の水路完成の話を多く聞いてきた私には、農業を主とする現在の西都市内に於いて全ての地区に用水路が整備され、水の問題は解消されていると思っていた。それだけに、「天水による農業」という事実は大きな驚きであった。水への願いは一様ではなかったであろう。そして、水を確保する努力はどうなされたのだろうという思いが広がり、日を変えて地域を訪ねることにした。

暮らしの中では、水に関する様々な人々の向き合い方がある。人の制御できない自然の状況を天に祈るしか方法がなかった昔の人々は、日常生活の中で水とどう向き合い、どう対応してきたのか、その一端を紹介したい。

一　石塔碑文にみる雨乞い祈願

昭和九年六月から八月にかけて、県内は五十年ぶりの大旱魃に見舞われた。西都市寒川では、平年の半分しか稲の収穫が見込めず、児湯郡内では、千八百三十三町のうち、植え付け不能、収穫皆無、及び七割以上の減収が三百三十一町に及び、残りの分も七割から三割の減収という状況となった。好天は八月まで続き、最高気温三十七度、降水量は、明治二十七年以来の最少記録となった。雨乞いのため大砲数千発を発射したが、その効果はなかった。八月末の旱魃による児湯郡内の被害は**表1**の通りである。

九月から十月にかけて、今度は一転して、旋風、豪雨に見舞われた。西都市都於郡に於いては大きな旋風が起こり、同村荒武集落及び三財村の月中、加勢両集落を経て山林中に入った。十月の豪雨は、二日間で四百ミリを超え、長園、都於郡、荒武、岩崎、月中、加勢では、住宅の倒壊・破損や大木の倒壊、樹木や竹の被害が大きかった。特に加勢集落では、村の西半分全戸五十戸中三十六戸に被害が集中した。(『宮崎県災異誌』昭和四十二年宮崎県発行)

［表1］児湯郡内の減収率（%）

水稲	35	栗	47	柑橘	39
陸稲	77	小豆	40	梨	26
甘藷	66	里芋	72	茶	24
大豆	42	蔬菜	21	桑	40

（平均収穫を100とした時）

旱魃に悩む深刻な事態に、人々はどう対処したのだろうか。
その年の状況と人々の姿を、西都市三財に残る石塔に見ることができる。そこには次のような碑文が刻まれ、その心を遺している。

昭和九年夏季未曾有ノ旱魃アリ　天雨降ラザルコト前後六旬水陸ノ作物ハ勿論飲料水サヘ涸渇シ民心洶々《きょうきょう》只管神助ニ頼ル小野ノ地伊東時代ハ其ノ分城在リシ所ニシテ一帯ノ高原頗ル形勝ニ富ム　古来雨乞ノ祈願所トシテ其ノ名遠近ニ高シ即チ旱魃ニ際会シ万策尽クレバ始メテ「小野上リ」ト称シ此地ニ於テ雨乞ヲナスヲ例トス　今次ノ旱魃ハ八十歳ノ古老スラ未ダ見聞セズト称スル程ノ激甚ヲ極メ随ヒテ「小野上リ」ヲナスコトモ数度ニ及ビ霊験赫灼タリ茲ニ於テ地方人士相謀リテ八大竜王ヲ勧請シ七月十三日ヲ以テ其ノ縁日トシ永遠ニ感奉謝ノ誠ヲ致シ併セテ後昆の損忘ニ備ヘントシ記念碑ヲ建設スト云

碑文者　大塚純彰

※この三財雨乞の石碑碑文は長友辰實氏が調査・解読された（傍線筆者）。

西都市南部の台地状の土地は、古来河川からの水の確保が難しく、田畑の用水にも困る状況があった。特に雨量の少ない年には、雨乞の手段を通して、その強い願いを天に訴えてきた。小野の高

［表２］県内にみる雨乞いの伝承事例

	場所	形態	その他
日向市	山頂大岩、平氏の池	神楽、太鼓、笛、墨を塗る、竜を集落に	茅の竜池に返す
西郷村	オセリ滝、山頂	祈願、火を焚く	女人禁制、滝から山へ
田野町	山頂、神社	太鼓踊り、田の神、鰐塚山、宮崎神宮	水かけ、二百人
日南市	山頂、神社	農具、蓑笠、太鼓、唱え言、鵜戸神宮	お礼返し、近郷から
東郷町	山頂	御神酒、御幣、唱言	女性も参加
木城町	山頂大岩	太鼓、笛	
北川町	山頂大岩		
都城市	神社池　神石	神楽、太鼓、水に飛び込む、水汲み	雨乞い面、龍たつ神
都農町	海近くの川	神楽、小屋がけ、祭壇、海につかる	藁の竜、修験作法
佐土原町	石塔	臼太鼓、淵干し	村全体で
清武町	山頂、神社他	太鼓踊り、池掃除、青島参り	太鼓、鉦、五、六百名
椎葉村	川、禊の淵	川中で水をしゃくりかけあう、唱え言	ご馳走持参　集落全員
高鍋町	神社間行列鵜戸神社	鏡つき幟、太鼓、笛、面、御輿、潮水かけ	木やり節、白装束
延岡市	雨乞い石、雌雄石	石にのる	潮の上がる位置、竜神

（「雨乞習俗」平成十年　那賀教史調査より）

原の景勝のよい場所に雨乞祈願の場所が設置され、その事は、近郷をはじめ遠くの地にまでよく知られていたという。小野上りと称され、これまでも行われてきた。この年の旱魃は八十歳になる古老が、かつて見聞したことのないほどの深刻なものだったが、数度に及ぶ祈願でその霊験は大なるものがあった。そこで、八大竜王を勧請して、七月三十日をその縁日として祀り、後世の人に伝わるようにと記念碑を建設したものであるという内容である。碑文者は、大塚純顕である。

雨乞行事では、村の人々が老若男女連れだって、鍬や鎌などの農具を持ち、山上に上がって太鼓を打ち、祈願をする事例がみられる。雨乞いの形態については、県内でも様々なものがみられる。その一例を記す。雨乞いの方法は、およそ五型に分類できる。（「民俗学辞典」弘文堂）

1　山上で火を焚く型（薪を積み上げ、火を焚き、鉦・太鼓を打ち鳴らして大騒ぎをする）
2　唄や踊りで神意を慰め、雨乞いをする型
3　水神のすむ聖地を汚して、神を怒らせ雨を降らせようとする型
4　神社にこもり、降雨を祈る型
5　聖地から水をもらってくる型

二　天水に頼る農業と暮らし（西都市樫野地区）

西都市大字平郡の樫野地区では、現在でも天水による稲作を続けている。他地区と同様に、早期

西都市平郡樫野地区の風景

米と普通作米を作っている。用水路開通や遠くの河川からの配管等によって灌漑設備の整備がなされた他地区と違い、水の確保は今日でも地区の大きな課題である。困難地区は大幅に減少してきたと考えていた筆者にとって、このことは一瞬本当だろうかと疑うほどの驚くべき事実であった。

樫野地区で普通作をする人は、現在二人に減ってしまった。土地の人は、「普通作の方がおいしいのだが、みんなが仕事をする時にしないと、仕事が進まない。稲刈りをとっても、一人で作業をするのは大変なことである。ほかの人がする時にしなければならないのは、どうも気がいかん。あと五、六年もすれば、普通作はできなくなるだろう。もうかれば作ってくれる人もいるが、なかなかもうけも少ないので作り手はいない。雨が降ったら、トラクターを持っていないと仕事ができない。購入には費用もかかる。中古のトラクターがない」と語る。近くには水路があり、水が流れている。「この水はどこから流れて来ているのですか」と尋ねると、「これは川から流れてきた水ではありません。降った雨が染み出てきたものです」という答えが返ってきた。雨が降ると、水は地下に染み入り、やがて少しずつ染み出てきた。その水をポンプで汲み上げて使えば、一週間はもった。昔は雨が降るとすぐに田に出て、ウラビシ（畦の反対側）を切って取っていた。畦塗りもしていた。

渡辺さんが農業を始めた頃は、どの家も田を四十五、六枚は所有していた。一枚の田は、三畝から五畝くらいのものは広い方で、一畝ほどの狭い田もあった。田に行くまでの道もなく、人の田の畦を踏んで自分の田の所まで行っていた。基盤整備をするまでは、田もまちまちだった。開墾した土地は、牛や馬で鋤いた。他の地区では、牟田もあり苦労をしたが、ここの土地は鍬で打てばうち上げることができた。その後に、一時的に麦やナタネを植えた年もあった。二毛作はできない土地である。戦前と戦後とでは、農業の仕方も大きく変わった。米以外は作ることができなかった。野菜は、スイートコーンなどいろいろ作ってきたが、他の地区に比べて無理をする。他の所では一輪車で運べる所をこの地では水が引かないので、水の溜まった所を抱えて運ぶ。一度通るとぬかるんで深くなり、一日一日足場が悪

湿　地

現在の田植え

くなる。それでも元気な頃は頑張ってやっていた。苦労の割には、収入はついてこなかった。

しかし、農業を始めた終戦後、昭和二十五年頃には、農家は面白いほど収入があり、給料取りになることなど念頭にはなかった。あいている土地にサツマイモを植えて収穫し、切り干しにして売ると、面白いように売れて、給料取りの一カ月分にすぐになった。カボチャも作った。何を作っても金になる時代だった。人に使われる仕事はしたくないと思っていた。よい時代だった。それで、農業をすることになった。樫野地区は昔は五十軒ほどあったが、現在は三十五軒ほどになった。六十代の人も多いが、全て農業をしているわけではない。農地は、人に耕作や季節の仕事などを頼むなど、様々な形で耕作されており、土地が荒れることはない。若い人も住んでいるが、他の仕事に就いていて、農業を継いでいる家は少ない。しかし、飲み方をすれば多くの人が集まり、賑やかで元気のある集落ではある。道普請の草払いには十数人の男性全員が草刈り機をもって集まり、作業にも活気がある。周辺の集落では、高齢化が進み、今後に不安もある。

田作りは、稲刈り後すぐ畝《うね》を作り、牛で鋤をかける。粘土質の土は重くて粘りがあり、鍬につくとなかなか落とせない。普通の人は、粘りで足をとられて歩けなくなるほどである。誰が上手かと競争で鋤いたものである。牛使いの技術も要るし力も要る。畝の間隔にも勘と技術が必要だった。春になると作業は毎日続いた。はだしで田に入り、蓑、笠をつけての作業だった。特に雨が降ると、すぐに田に急いだ。すぐにいかないと水が染みこみ、水がなくなるからである。また牛を連れて行き、鋤かけをした。降った雨の水は「寄せ畦《あぜ》」（畦を鋤いて鍬で寄せておく）をし、畦塗りの作業がしやすいように準備した。すぐにしないと水が逃げるので、畦塗りも丁寧にした。足で踏んで形を作り、鍬で叩いて突いた。土をしっかりと固めて重ねて塗っておかないと、畦の土は落ちてしまう。腰の痛くなる作業であった。

昭和四十年代に水のある所をさがしたことがあった。三納川の水源はどうかと尋ねて回ったが、水利権のある水は三納だけの問題ではなく、広く下流の佐土原にまでその関連範囲は広く、当てにできる水は得られなかった。綾川からの水利権についても、余りに高額で手にできるものではなかった。目と鼻の先にまで水が来ているのにと、残念な思いが残った。また、農免道路の上と下の地区における水確保の状況にも違いがあり、確保の見込みのある地区の賛成が得られず、水を引くという計画の実行に意見の一致をみることができなかった。

樫野の地形は起伏のある丘陵が幾つもあり、パイプ配管で水を引くことが難しく、上流に一度水を溜めてそこから下流へ流す方法が最もよいと考えられていたが、上流と下流の地区の人々の利用に対する考えも様々であった。最初に水の事を決定せずに進めたことが、土地改良の基盤計画の進行に影響し、現在も農業用水が届かない状況となっている。

この土地では、斜面工事にも大きな額の金がかかる。それに水を引く工事の費用を入れると、大きな金額となる。山路地区までできている水を引いてはどうかという提案もあったが、到底納得できる金額ではなかった。いろいろと思案もし、苦労もあった。

天水による農業を続けてはきたが、「これまでいつの日も、偏った日よりはなかった」と松浦さんは語った。適当な時に雨が降り、適当に照ってきたという感慨がある。雨が欲しいと思っても、どうすることもできない。その時は待つしかなかった。人々は雨不足の年でも、様々な工夫をして生き延びてきた。誰にも語られることのなかった集落の歴史がある。

飲み水と田畑への水の苦労は日常的であり、特に大きな苦労とは考えなかったのかも知れない。毎日欠かすことのできない飲み水と田畑の水はどう確保されてきたのだろうか。集落の下の方にある藤原さんの川の所に、水を留めておく場所があった。水は流れてくるのではなく、地下から少しずつ湧き出てくるものであった。集落の人はそこまで下りてきて水を汲み、担いで上の方の家まで運んだ。井戸は各家に掘られていたが湧く水はなく、染み出た水を使ううちに枯渇した。水を求める人々の心には、常に天候への関心と祈願があった。どんな水でも、大事にして飲んだ。夕方になると、各家では風呂水を汲みに行き、天秤棒で担ぎ運んでいた。昭和三十年代の終わりに、集落で水道を引いた。清水兼《がね》から引いた。断水になると、電話がかかってきて注文も多く、夜中でも修理に行った。ホースとパイプでつないである所をしっかりと見て回った。四キロもの距離があった。水の見回りにも出かけた。水に関するけんかもあった。田の水と飲料水の貴重な水を確保することは、大変な苦労を伴った。最初から世話に関わっていた渡辺さんの心労も大きいものがあった。

雨の不足した時には、雨乞いをしているのを見たことがあった。虚空蔵菩薩を祀る樫野の山で行っていた。鐘を叩くのも聞こえた。子どもを除く集落の人々全員が行った。焼酎も飲んでいた。渡辺さんの家の前に、鐘を叩く台があって、カンカンと叩いていた。余談だが、鐘は相談事や緊急な用事等の人集めに使った。雨乞いは、戦争中くらいまで行われたようである。鐘がなったら、人々が集まって来た。「水は天から貰い水」という歌があるが、実際に生活の中で行われると、歌のようにはいかない。深刻なものがある。

「風呂もらい」も記憶に残る風景である。近所の人が雨が降る日でもやって来た。傘をさしてやって来た。毎日風呂に入ることはなかった。水も要るし、家族の人数も多い。薪で沸かす風呂で、焚く苦労もある。昼に大仕事をした後の風呂はなくてはならないものであり、格別であった。

道作りもあった。普請もあった。昔は車輪で、車力くらいの幅の道があった。年二回はあった。普請や決まりに対する姿勢には、厳しいものがあった。我が儘には罰金も課された。若い人の仕事ぶりや時間に遅れた場合には、指導者からの苦言もあった。他地区ではタンドを通すと言って、春の田仕事始めに溝浚えをしたが、天水に頼るこの土地にはその必要もなかった。

「目はりかき」は、代掻きのことである。中づき、荒代、そして田植え前に代掻きをした。苗を植える前に代掻きをする。五、六反の田の中を牛に引かせて代掻きをする。フンドシやパンツ一丁で、勇んで仕事をしていた。みんな一緒だった。植え代掻きは、板に十五、六本の棒をつけた道具で牛に引かせた。何度も通ると足はぬかるんで歩きにくく、クレはなかなかくずれなかった。代掻きは朝の六時から始めた。朝早くから始めないと、田植えが順調に進められないからである。代掻きをした後すぐに植えないと、土が固まってしまう。田植え前の代掻きには、馬をそして後には牛を使った。昭和三十年頃には耕耘機に変わった。

代掻きの頃には楽しみもあった。下流からの増水逆流によって、ナマズやフナの大きな魚が溝を上って田にも入ってくることがあった。時には、二人で肩に担いで引きずって歩くほどの大きなナマズがとれたこともあった。魚が田の中を泳ぐのがよくわかっても、速くてすぐにはとれないので、代を掻きながら次第に魚が弱ってくるのを待った。頃を見計らって作業をやめ、魚取りに走った。雨が降った時には水が増えるので、三財川からウナギや大きな魚が上がってくる。昔からお婆さんまでも出て待ち網を持って行き、ほかの人に交って流れに網を入れ大きな魚を掬った。夜も小川にいて、魚を待っていた。

苗は田んぼの一部で育てた。苗床は早めに準備しておいた。種籾は手撒きしておき、五月には蒔いていた。田植えの前に、藁ですべて苗束にして、前後の竹籠に百二十束も入れて運んだ。重いので、畦がくずれることもあった。苗も投げてやらねばならなかった。田の形が整形ではなく、行き来にも隣の田に気を使った。田植えは共同で組んで、十日も十五日もかかった。今日は苗を運び、明日は田植えの繰り返しで連日だった。女性は特に早く起きて、家事や食事の準備もしなければならなかった。三時には起きてにぎりこを握り、田に出て苗運びをした。夜も遅くまで家の片付けまで済ませて休んでいた。田植えの途中で妊婦がお腹の痛みを訴え、産婆さんを迎えに行ったこともあった。昔の女性は、子どもが出来るまで田畑に出て働いていた。産気づいた時に大急ぎで自転車を走らせるため、バラスが敷いてある道で転倒したこともあった。また、産後の母親は赤ちゃんに母乳を飲ませるために、わずかの時間を割いて、にぎりこを食べながら我が家へと走った。どこに行くのにも、歩いてのことだった。何事も共同で終わるまでは仕事をしなければならなかった。十五日もの間、作業は続いた。疲れた。平野では、作小屋を作っておき、昼食はそこでとった。休む場所や雨除けのちょっとした場所は必要だった。雨が降ると、茅蓑を編んでいた。各家で蓑を編んでいた。棕櫚で編んだ所もあった。

田植えが終わると、サノボリをした。田植え慰労のこの集まりは、現在も続いている。現在は焼き肉をしているが、イノシシやシカが出されることもある。近年は家のすぐ近くまで獣が現れる。昔は各家からの持ち寄りで、集落の家や庭に集まった。千切り大根や豆腐一丁、イモガラの酢の物、それぞれだった。

共同の絆は日常生活にも及んだ。夜になると、風呂を沸かしている家に何軒かがもらい風呂に行った。「田の草取りは、三度這わんといかん」と言われた。照っても降っても、四つん這いになってとらないといけないつらい作業だった。「長谷観音の祭りまでには這いあげにゃいかん」と、みんな一生懸命に取った。草は握って取って、埋めてかぶせる。裸足で入り、タオルや帽子を被っていないと顔をこすった。稲が大きくなる頃に入ると、顔がすごく痛むほどこすれた。作業の速い人も遅い人もあり、暑さをこらえヒルに耐えて懸命になってとった。中にはどんどん先に進んで水を濁らせ、あとから来る人が濁って草が見えずに困ることもあった。早朝の露が葉に残っている頃には田に行き、長い竹の竿や箒で稲を払った。サベなどの害虫が次々に水面に落ちて真っ白くなって浮かんだ。そこに、石油を竹筒に入れて流した。田の虫の駆除は、その方法が主だった。太陽が上がって稲の葉の表面が乾くと、虫はもう落ちてこなかった。

稲の刈り取りを終えると、そこの田に一週間くらい寝かせておき、三日くらいは西風に当てた。

稲刈りでは、ぬかって歩けないことはなかったが、肩に背負って歩くと、ぬかるみから足が出ないこともあった。田の近くからは、牛に鞍をつけて運ぶこともあった。車力でも運んだ。車力は、道路の角を曲がりきれずに転ぶこともよくあった。
七、八月になると、雨の日には稲手を作った。各家で夜なべをした。米俵を縛る縄を綯った。道に縄綱を引っ張ってケバを取り、俵縛りも作った。縄の太さが細いと検査に通らなかったので、力を入れて縄は編まれた。米俵は六十キロあり、常日頃それを担いでいた。
収穫時期には、庭が大事に使われた。籾干しや脱穀などに使われ、いつも庭はきれいにしてあった。農家は庭が広い。作業場の一部だった。刈った稲は、田に一週間ほど置いて、西風にあてて乾燥させた。その後、家まで全部運んでから稲扱ぎ（脱穀）をした。早い人は夜中の十二時から始めた、すると隣近所も負けじと作業が一斉に始められた。脱穀は、正午頃まで続いた。雨が降ると、大急ぎで稲を中に入れた。フルイで選別して屑をとった。

十一月九日には、平郡の秋祭りで、その日までには稲刈りを終えることにしていた。樫野には大きなミナがいっぱいいて、周辺からもカルイカゴを背負って多くの人がとりにきた。豆カゴやカルイカゴを持って入れていた。ミナは祭りの料理としてなくてはならないものであり、ゆがいて食べていた。豆腐とミナを入れて煮たが、ご馳走だった。おいしかった。季節の味で楽しみだった。

地区内には、雨乞いをする所や水神さんを祀っている場所はない。病気がひどくなると、朝早くから集落中で参っていた。どこの集落も、平郡神社に参っていた。集落でもその祈願をしていた。現在でも雨が降ったら、樫野の人は田んぼに走って作業をする。天水だから、降った水を溜めて大事に使う。これからもこの姿は変わらないであろう（松浦義春さん・渡辺邦夫さんの話）。

三　暮らしにおける水祈願

水場に置く正月の節木

県内における水祈願の事例を紹介する。西都市上揚では、今年一年の安全な暮らしを祈願して正月には、カシの木を割ったものにウラジロやユズリハを添えた節木を屋敷の内外に飾る。大事な水を引き入れる家の入口の場所（水場）にも置く。延岡市北川町下赤では、田植えの際には水田の端の方に三角田を設けて苗を植え、そこで苗がよく育つようにと祈願する。美郷町田代では、田植えの際に水の入口に御幣を差し、稲の無事生育を祈願する。北川町多良田では、ミナクチ（水の入口）やオテミナクチ（落とし口）を特にていねいに仕上げたあと、水の安全確保と豊作を祈願する。

飲料水など生活用水の水が湧く場所や流れの近くには、水神様が

小林市内の水神様

祓川の水神様

祀られることが多い。高原町祓川の豊富な湧水は水もきれいで、飲料水として利用するために多くの人々が訪れる。また、小林市内を流れる川の近くにも、水神様が祀られている。一ツ瀬川近くの竹渕地区でも川の事故や無事を祈って水神祭りが行われる。五ヶ瀬川の堤防周辺にも、水神様が何か所にも多く祀られていた。このように、暮らしの周辺には水神様を祀る場所が多いことに気付かされる。

　西都市三財門田には、門田水神の話が残る。寛永元年（一六二四）、佐土原藩主第二代目島津忠興公三男右京公は隠居して、この門田に広大な屋敷を構えた。三財川筋の深淵を好んで遊歩していた右京公は、ふと淵の底に美しい光を放つものを見て直ちに水練の巧者を集めてこれを取り上げた。その物は栗の飾り餅の形状をなし、色は飴色で表面に歯形のごときものがついていて世にも稀なる宝石だった。公は歓喜ひとかたならず、これが正しく水神の御神体であると奉祀され、後に門田水神として祭られるようになった。（中略）人々は「ひでりの神」として、毎年旧の九月八日を縁日として御能の舞いを奉じ芝居を催し賑わう祭りとして続けられてきた（「門田水神の由来」）。

上三財上ノ宮集落の北沿いに流れている川は、寒川の上流の蛇籠川に発し、常緑樹の渓谷をくだり、三財川となる。幾千年の昔から、人々の命の水として今も流れ続けている。だがその川もひとたび大洪水ともなれば荒れ狂い、山間の大木を根こそぎ押し流し、橋を家をそして時には命を奪い、田畑を荒らすこともしばしばあった。特に川辺に住む人々は、永い歴史の中で水害との戦いに明け暮れることもあった。水の有り難さの反面、水の恐ろしさをよく知っていた。川の南岸に、「馬出し場」があった。杭が数本打ち込んであって、人々はその杭に牛や馬を繋ぎ、水洗いや手入れをしてやる場所であった。ある日のこと、例年にない大洪水があった。翌日川に出てみた人が、その杭に神様のお宮がかかっているのを見てびっくり仰天してしまった。そのお宮は川上の方から流されてきたものだった。里人たちはいろいろ協議をして、ついに、「これは神様の思し召し」と考え、社を建ててこの集落の守り神とした。上の宮神社こと川上神社は、高潔な神であらゆる願いを聞き上げられ、天災地変から里人を守り今日に至ったと伝承されている（後略）（「川上神社の由来」ほぜま

一ツ瀬川原での下水流臼太鼓踊

つり三財より）。土地の水神様や神社も地域の伝承をもとにして、大事に守られてきたことが分かる。

西都市穂北では、旧八月一日・八朔に下水流臼太鼓が踊られる。

「この踊りは神に対して稲作が豊穣であるように祈願する。そして、その農耕儀礼は、水神祈禱、虫追い行事などの宗教行事的なものとなり、さらに、火祈禱、地鎮祭、それに氏神祭などにも踊られるようになった。そして、豊年の際の秋祭りには、豊年感謝を祝って踊られる。（中略）下水流では毎年恒例として八朔の節句、すなわち旧八月一日にきまって踊られる。そして、この日は水神と火の神に祈願することになっている。まず、氏神である島の内の南方神社に早朝参拝し、境内にて踊り、ついで一ツ瀬川原、さらに古くから踊場と称されてきた村中の火の神をまつってある所で踊られる。この時、村中の四ツ角には御幣を立て、村人の無事息災を祈る。これが終わると村の大世話人宅とか希望の家にて踊り、日暮れまで続けられるが、終了後は村人全員で直会が行われる。また、梅雨（この地方ではナガシという）の時期になると約一週間、毎晩川端に手を打ちながら水神祈禱がなされる。これは村人が一年中水難に遭遇しないように祈願するのだそうで、故老の言では従来下水流で水難に遭った人はないとのことである」（「下水流の臼太鼓踊」昭和四十七年」下水流の臼太鼓踊保存会編）。

臼太鼓踊の由来も大事に記されており、本踊りが年間における祈願から感謝の場に重要な役割をもつことが分かる。近接する一ツ瀬川は川の幸を恵むとともに、水難という不安ももたらす。水神と火の神祈願は、人々にとって強く大きな願いなのである。一週間に及ぶ川端での水神祈禱にも、人々の切実な願いが感じられる。このほか、宮崎市田野町や清武町には、雨乞い太鼓の大きなものが残され、雨乞いや祈願の際に使用されてきた。県内に残る太鼓踊りにも、水神様を大切にし踊りに託して祈願する事例が多く残されている。

日之影町には、集落単位に水神様が祀られている。水量の豊かな川や淵も多く、きれいな水が確保できる。それだけに、水神への信仰や水場の神聖さと清浄さを保つことに人々は心をくばってきた。その中の一つに、川の詰神太郎水神様がある。安全祈願から縁結び、雨乞い、山火事の鎮火祈願に至るまで効能の多い水神様である。例祭日は、旧暦二月十六日である。

四　延岡市蛇谷の龍神祭り

平成二年、延岡市夏田町蛇谷を訪れた。そこにはかつて龍泉寺があったが、それまでは住職不在であった。この年、龍泉寺の奥の院が完成した。当日は龍神祭りの日で、すでに四百人分ほどの弁当が配り終えられるほどの人で溢れていた。式典の神事に先立ち、夏田正義さんの挨拶があった。

「皆さん、お早うございます。龍神祭りの龍神さんは、地区の人から不思議な神様がおられると感じられていたようです。毎年梅雨に入ると、滝の所にいつも雷が落ちるのをみて、上がって訪ねてみると、その滝や周辺の荘厳さや神々しさにうたれて、その後お参りをするようになったといわれています。この祭りは、何百年も続いている祭りでございます。常識的にいえば、今日の天気は大変なものだと私たちは思いますが、この龍神祭りにとりましては、大変にふさわしい天気であります。このようなたくさんの滝の水が流れるのは、昨年以来のことであります。お参りなされた方は、家内安全とか交通安全、商売繁盛などを誓願されますが、こうして元気に星祭りにお参りできたことが何よりでございます。何も大きな金持ちになることができなくても、平凡な幸せや平和な生活ができることが即最大の御祝いだと思います。そういうことで、本日は皆さんとともに世話人としてのお礼と真心を込めて願成し、龍神様に感謝を申し上げたいと思います。どうぞ皆さんも誓願のお願いもしていただくことにして、只今から式典神事を始めさせていただきます」

夏田さんの挨拶には、奥の院の由来や訪れる参詣者の目的も簡潔にまとめられている。

「奥の院に参詣する人は、延岡、北浦、日向の近郊から遠くは熊本県、福岡県、大阪府にまで及ぶ。初めて訪れた人が少しずつ周囲に伝えて、次第に多くなってきたのだという。信仰の原点は、奉仕をさせていただくという心にある。どんな方が見えたのか具体的には知ることもないが、祈願の人々がお参りに来ていただければそれだけで有り難いという。昭和四十年代に荒れていた土地をきれいにして、この地に奥の院を建築しようとした頃は、予算の目途もたっていなかった。大工さんに相談し計画を進めていくうちに、建築にかかる費用の浄財が集まりはじめ、電気を引く工事も電柱の確保の課題もきれいに解決していった。棟上げの段階にはしっかりと支払いの精算ができるほどになっていた。次々に起こる不思議な縁で、思ったことが実現できる。有志の人々による協力もあり心配のいらないところである」と、世話人代表の夏田正義さんは語った。

夏田さんは、世話人を務めるようになってから、二十年になる。これまでは集落に世話人をおき、二月第一日曜日の星祭り、春の旧暦二月二十一日と旧暦七月二十一日の大師祭りが年二回、それに七月第一日曜日の八大龍王祭り（龍神祭り）の計四回、大きな祭りを行ってきた。中でも、龍神祭りが最も大きな賑やかな祭りである。龍神祭りは、四百年前から行われてきたという伝承をもつ。この祭りの由来について伝わっている話がある。梅雨時にはこの辺りには、必ず雷が落ちるため、土地の人々は不思議な思いをしていた。ある日雨のはげしい日、通りかかった人が、その近くで笛と太鼓の激しく鳴り響く音を聞き、びっくりして逃げ出すことがあった。何かがあると思われ、以来祈禱師が来て祈願した時代もあったという。集落の人々は、鏡餅をあげて病気平癒や暮らしの安全を祈ってきた。雨乞いも行われた。祭りには祝詞をあげ、踊りが踊られる。

通称蛇谷と呼ばれる奥の院周辺には豊富な水の流れる滝があり、水神様が祀られ、行場もある。日頃は、代表の正義さんをはじめとして、夏田喜代子さん、妹のシゲルさん、宮居清敏さんなど数人の人で守っている。毎月第三日曜日に「数珠振り」をし、南無阿弥陀仏を唱えて数珠を送る。市内外から、四十人くらいの人が毎回訪れる。おこもりをする人もある。

龍神祭りの踊りは、龍泉寺夏田喜代子さんが務める。夏田さんは、舞いの内容を記憶してはいない。神楽風の舞いに着る衣装も自身で考えることもない。歌も覚えているわけではない。しかし、ある夜に不思議な夢の中にいるような体験をし、神に仕える誓いをしてからは衣装を縫う時も自然に手が動いて縫い上げるようになった。踊りや歌も思い煩うことなく、何かに導かれるように自然に体が動き、歌が出るようになったという。したがって、同じ踊りや歌を繰り返すことはできない。踊りは、神楽でもなく舞いでもなく、自然に表現されるものであり流れるように動いていく。歌は全く覚えていないが、その瞬間にはふっと浮かんでくる。その体験以来、巫女として、また祈禱師としての力が加わったのではないかと夏田さんは語った。

祭りの時は一週間は眠れない日が続く。当日は、午前二時に起きて水をかぶり、参詣者に渡す御幣切りを午前七時頃までする。祭りの前の数晩は、衣装縫いをする。一睡もせずに縫い続けることもある。当日には体力が残っていない状況だと思われるのに、苦しさもなく踊りをやり遂げること

龍神祭り祭壇

龍神滝

餅をまく

ができる。神様と衣装と踊る人、三体が一緒になっている。龍神祭りを通して、多くの参詣者に幸せな日々を過ごしていただくことが大事な務めの一つだと考えている。奥の院の御神体は、八寸の玉である。龍神様は火の神であると、夏田さんは語る。天光龍神とも呼ぶ。祝子、尾崎、夏田地区の守護神でもある。願かけが必要な時には、自分自身が出かけて頼むことである。毎月一日を決めて、祈願の数珠も振る。また病気祈願の時は、滝の近くでお籠もりを行う。奥の院に立つ幟には、八大龍王神と書かれている。神事の後は餅がまかれ、願かけを終えた人々は、心を穏やかにして奥の院を後にする。龍神信仰による水神祈願は、人々の心に深く刻まれている。

現在まで伝承されている龍神祭りの起源と由来は、次のような古文書に残されている。

「龍王山蛇谷龍王滝縁起」

龍王山、龍王瀧、此御瀧より火玉立ち上る事、年々入梅に御瀧雷害事、末世代々伝書残之段、龍王瀧永正十一年六月之大旱魃、此時当村諸村ニ至る迄、此御瀧に参拝シ奉願雨乞之たり、其日之夜中より大雨ふりきたりし事、末世子孫代々残書をかれたる龍王瀧、寛政六年六月より八月迄之大旱魃、此時祝子村中より龍王瀧に参拝シ奉願雨之たり、其日之夜中より雨少ふり来る、四日めの夜中に大雨ふり来り時、午の刻に青天、此時当村他村御祝之参拝者数百余人、其後大旱魃来らば、祝子村中より此御瀧ニ参拝してかならず雨之ふらざる事なし、文化十四年酉四月御瀧上に御堂建、八大龍王弘法大師御入仏、其後参拝人多く相成、文政十二年三月十日浄善提院十九世初代権僧正祖祐純大和尚御参拝相成、正ニ霊験ある行場ト認られ、国主内藤備後守藤原之政順公、御運長久・国家安全・守護霊之祈禱場として年々三月十日、十月十日此行場ニ御入来城有、国家守護之御祈念為御霊場、天保元年正月元日当朝当村紋五郎なるもの、御年始之御かゞみ餅を早々奉上らんと参りしに、此時上の御堂にて笛・太鼓・鼓ニ御手をならし、御神楽之有を聞、大いに驚き、持参りたる其餅を下之大石之上にそなえ、下ヨリ礼拝して立帰る、其後天保十年六月より七月迄之大旱魃、此時浄善提院十九世初代権僧正祖祐純大和尚、此行場御堂に御参拝、七日七夜之御祈禱、此時祝子村中ヨリ昼夜二人宛相つめ、御祈禱をわり之夜中より大雨ふり来り、明朝巳の刻より青天、此時浄善提院大和尚御祝びにて、昼夜相つめの二人を引きつれ行場を御立、帰寺被遊たり、此時当村諸村ニ至る迄、御礼之参拝者数日間、其後長病多病之人ニ此霊場ニ参拝シ、御利益を受る人々多し、右御霊場之あらましを記す

天保十年七月二十九日、末世子孫代々に傳留行場記録也

（夏田喜代子氏所蔵　傍点筆者）

夏田喜代子さんは、一時は祭る人がいなく荒れ果てていたこの地や滝の周辺をきれいにすることを思い立った。お大師様や龍王権現のある山を多くの人々に参詣してもらい喜んでいただくようにと、その整備に努めてきた。そのうちに、夏田さんには神様の声が聞こえるようになった。その後

夏田さんの舞（平成28年）

地蔵様

二月の星祭り、七月の龍神祭りは、保存会の人々の協力や近隣や遠来の多くの参詣者を迎えて次第に大きくなっていった。

平成二十八年二月、白梅の咲く中で星祭りが行われた。十分ほど山上へ向けて歩くと、奥の院の御堂には満杯の参拝者、御堂の横の広場は幼児から若者、高齢者等およそ二百人ほどの人でいっぱいだった。やがて、衣装を整え、面をつけた夏田さんが変わらぬ元気さで登場し、人々の拍手が湧いた。豆まき、笹振り、俵を抱えた大黒様、鯛を下げたえびす様に姿を変えて人々の間を廻り、太鼓がそれに調和して参拝者との一体感が広がった。餅も撒かれ、お札も配られる。年間には、星祭り、お大師様、夏の龍神祭りなど数回の祭りを行い、人々の願いの広がりとともに行事の含む意味も深いものとなってきている。八大龍王、逆巻大明神、雄滝、雌滝、弘法大師、地蔵菩薩など、蛇谷の周辺には祀られている信仰対象も多く、静寂な聖域となっており、熱心な人々がそれを支えている。

過去の祈禱霊場が文書にも残され、伝承とともに人々の信仰を集めている。八大龍王を主神にして、水に祈る人々の姿がある。

おわりに

日々の暮らしは常に水とともにある。正月から年末までの一年間、季節ごとに水祈願の儀礼も行われる。地域の各所や個人の家の敷地内にも水と関わる場所がある。あらゆる生活の場に、水に祈る人々の姿がある。水の不足に対する心配は、ある程度解消される時代となった。平凡な暮らしの中にごく当然のごとく得られる水には、土地の歴史や水の確保に対する人々の尊い努力が秘められている。このほか、近年の異常気象による豪雨・洪水や、自然環境の変化による災害の増大が、変わらぬ脅威として人々に不安を与えている。災害に対する強固な堤防づくりや建築・土地造成、町や集落の在り方等時代に対応した様々な研究が始められている。水の不安に対する取り組みは、今後も形を変えて続いていくであろう。

また、清く神聖な水に対する信仰の心も、様々な願いに基づいた祈願を伴いながら生き続けている。水神や龍王神等に対し、安心を得るための祭礼や祈願行事も、人々の心にしっかりと刻まれて大事に継承されている。心の安堵を求めて水に祈る人々の姿もまた、時代を超えて生き続けるものであろう。

［話者及び協力者］（敬称略）

西都市　松浦義春　渡辺邦夫　長友辰實　米良嘉文

延岡市　夏田正義　夏田喜代子

第二章　故郷の記憶

第一節　自然を見つめる確かな目

はじめに

人々は長い年月を通して多くの苦労を重ね、ささやかながらも平穏な日々の暮らしに幸せを見いだしてきた。その幸せな日々に時として、東日本大震災のような大惨事の災害が発生する。予想もしなかった故郷の喪失、親しく生活を共にしてきた隣人、知人の死や離別に、人々は改めて故郷の重みと人々の絆の大切さを深く噛みしめた。宮崎県においても、口蹄疫、新燃岳噴火、そして豪雨災害等予期せぬ異常事態に対しても、緊張感をもって対応する姿勢が身につきつつある。

日常と異常の繰り返しの中で、人々はよりよい生き方を選択し、暮らしの向上に努めてきた。私たちの日常には、感じられぬほどのわずかな変化があり、信じられないほどの大変動の日々もある。そうかと思えば、いつでもどんな時でも、変わることのない不易のものを有していることもまた事実である。

昭和三十年代における急速な農具の発達や農業の在り方の変化は、人々の仕事や暮らしの姿を一変させた。昭和四十年代後半の列島改造の動きは、景観の変化や環境の喪失をもたらした。平成時代に顕著な課題として浮上した過疎化と高齢化、そして出生率の低下は、今後の人々の暮らしに大きな影響をもたらすことが懸念されている。暮らしの姿は日々変化するというのが、現実である。民俗文化に関しては、モノがなくなり、その姿や形の変化には大きいものがあるが、心意の面でも同様に消失変化がみられるのであろうか。

本稿では、人々が大切にしてきた民俗文化とは何かを、幾つかの事例をもとにみていきたい。

一　季節にみる食の伝承（旬を食べる）

春三月は、山菜が芽吹く頃である。春風が吹き始めると竹の子もぐんと背を伸ばし、野山に入って山菜採りを楽しむ人も多くなってくる。季節の変化を、人々はどう食に取り入れたのであろうか。昭和三十年代までの高千穂町における食の例でみてみよう。

朝ご飯の献立は、味噌汁と大根、漬け物の菜っ葉だった。ご飯は、コザネというトウキビと押し麦を挽いた麦を混ぜたものだった。ご飯と麦が入っている半白はいい方だった。どこに米が入っているかというほどだった。トウキビの時期は朝昼晩、麦が出来たら朝昼晩と、季節に応じて出来たものは決まっていた。

冬はあまり野菜はなかった。大根などは土の中に置いて掘り出して食べた。土を掘って大根、ニンジンはそのまま、里芋は敷藁をして囲いよった。野に行って、シテンバ、アザミ、観音草、セリなどを採った。シテンバは、葉の広い白い粉をふいたものでおいしかった。アザミは、ゆがいて水に浸し、油炒めにした。

アザミ飯は菜飯ともいい、ご飯にアザミを混ぜて食べた。葉には赤いものと白いものがあり、葉が白くとげのない柔らかい方がおいしいといわれ、それを採って食べた。岩戸の奥にあったものを、食べ物がない時に持ってきて植えたと聞いたことがある。アザミは、テンプラにしてもおいしかった。

昼は山仕事に行く。昼食は、木製や竹製のメンパに入れていった。厚みが一〇センチあり、蓋と身の二段に分かれていた。それを昼とコブリ（三時頃）に分けて食べた。小さなメンパはおかず入れである。ミソ、漬け物を入れた。刈干切りに行く時に、トウジンボシが入っていると上等だった。焚き火でよく焼けたトウジンボシは、固くておいしかった。それが山に行く時の楽しみだった。小さめのイリコに湯をかけてこぼし、醤油をかけて食べるのもおいしかった。

弁当に必ず梅干しを入れた。またイリコを入れた味噌も作った。油味噌はおいしかった。ニラを刻んで入れると、ニラ味噌になった。山では火を焚いてお茶を沸かした。支え木を組んで両端に立て、棒を通して石を置き、やかんでお茶を沸かした。トウジンボシやカライモを焼いて食べた。水がないので、竹の節を刳りぬいたヨギリカッポの水筒を持って行った。ヤカンで沸かして、それに入れたりした。

それらの道具は、カルイに入れて持って行った。カルイには、粗砥と仕上げのトイシ、カマ研ぎや飲む水も入れ、茅切りや刈干切りのカマ、ナタ、ノコなどの諸道具、そして、メンパに二食分を入れた。山仕事には大人二人、子ども三人くらいで行った。田んぼの仕事は、イイトリ（結い）、イモドシで行った。

晩ご飯は、にぎり団子汁が主だった。家族が多い時代だったので、囲炉裏に自在鉤をさげ、大鍋に野菜をたくさん入れて味をつけ、トウキビの粉を入れた。これを、ヒッコカキと言った。本当においしかった。丸麦の時期には、ズーシ（雑炊）にした。丸麦は、気を長くしてゆがかないと煮えない。それで、前もってグツグツ炊き、米が煮えた頃手で打ち繰ってから入れた。糊のようにとろっとなっておいしかった。味噌をつけて食べるとおいしかった。丸麦はおいしかったが、上手には煮えなかった。トウキビのコザネもおいしかった。丸麦は口の中を踊ってまわるようにあったが、挽き割ったトウキビはそうはなかった。

以前は、丸麦とトウキビが主だったが、昭和の初め頃、精米機が入ってきて押し麦に変わり、臼で踏む苦労から解放され食べ方も楽になった。粟飯はそのままでは食べられず米と混ぜたが、米は三分の一かそれより少しだった。ふだんは、トウキビと麦だった。麦も押し麦になってから、米は入れなくてよくなった。里芋や豆、タケノコも入れた。竹の子ズーシを、ヨニイルといった。竹の節をヨという。その節にごはんが入ることを、ヨニイル（節に入る）といい、夜に入って遅くなる言葉にかけた。「早よせんと、ヨに入るばい」と、仕舞いの遅くなることを戒めた。おかずは生味噌をかけて食べると、何にもいらないほどおいしかった。野菜の漬け物もあった。

夜になると、雑炊とかだご汁とかがあった。小麦粉をソバ打ちの要領で延ばして切ってうどんを作って食べた。ゆがいて調理するのは、祭りの時であり、ナンコミダゴといった。ゆであげて、イリコだしで食べた。イリコもいっしょに食べた。シイタケも使った。夜なべで遅くまで起きていることもあった。カライモをカゴに二つくらい蒸していて、おやつにした。それを食べたり、イデイモ（里芋の小さいの）を食べたりした。

一日の食事は、朝山に行く前に茶の子、朝飯、十時に茶飲み、十二時に昼飯、それから三時におやつを食べた。晩飯そして夜なべと、多くて七回あったという。食べていかないと腹も減り、力が出ない。

田植えの時には、イイトリの加勢をもらい、加勢をしてくれた家には、イモドシで労働力のお返しをした。朝三、四時頃起きて、家族は一足先に出かける。前夜に準備しておいた水や作っておいた団子や必要なものをカルイに入れ、背負って山へ行く。加勢の人、二十人くらいはあとから出るコブリに出す団子を作り、昼ご飯も持って行く。箸は山で竹を切って食べた。七時頃には出た。仕事は八時には始めた。昼に家に帰るとあわただしかった。カライモを煮ながらの時は、何とか食べることができたが、団子を焼いて子どもの世話をする時には、ご飯を一口食べては動き、また一口食べるという忙しさであった。昔は家族が大人数で、十人以上いた。

夕方には、麦の穂をたたいて落とした。夜はタイマツをとぼして代あげをした。寝る前には、子どもの衣服のほころびを繕った。毎晩、二、三足のゾウリを編んだ。休むのは十一時を過ぎていた。

季節ごとに、野山の山菜や畑の野菜を使った懐かしい味の料理があった。春はアザミ、ゼンマイ、ワラビに竹の子、フキ、ダラが採れた。ウドは家で作っていた。ワラビは特に多く、売って金にも換えた。サド、スイフキ、ガンソやセリもあった。ガンソは酢味噌で食べた。夏には、エンドウ、ソラマメ、キュウリ、ナスが多くできた。秋には、ヤマグリ、トウキビ、キビやカキ、カボチャ、カブス、コンニャクが出来た。冬には、ダイコンをはじめ、ユノスやカブスが印象的であった。戦後、ドングリの団子やクズの葉や根を粉にしてパンを作ることもあったが、味はまずく喉を通らないほどのものだった。コウリャンメシもあったが、飲み込むことができなかった。

年中行事の料理をふり返ってみる。

正月は、年の晩に高御膳が出た。鯛のお頭が一人分ずつあり、楽しみだった。明くる日からそれを少しずつ食べ、最後は汁にしていた。箱で買ったイワシが出ることもあった。お膳は子どもたちにも与えられた。蓋付きの八十椀だった。農家では、鶏を一羽つぶして御馳走にした。一年に一回だけ、色々な料理が出た。煮豆やトウフ、ゴボウその他の煮しめ、イワシの膾、吸い物、ご飯、ウドン、酢の物などがあった。イワシは三枚におろして、酢漬けや塩漬けにしてとっておいた。

小正月は餅正月とも呼び、柳（マユミ）、ネコヤナギ、カシなどの木に餅を飾った。餅は花餅と呼び、赤白青の色をつけた。モミの木に餅団子を切ってつけた。カシの木と竹に、丸いごろごろの米の団子をつまんでつける所もあった。花かざりは床柱に飾った。きれいだった。餅はかきもちにしたり、小さく切ってあられにして食べた。オカリ（麻苧を背負う作業）の時は、団子をとっておき、ドビンで炊いてその汁を飲むと元気が出た。これを、団子湯といった。

二月初午の稲荷さんには、牛の神様参りに行く。集落の人全員が牛を引いて行く。稲荷さんでは神楽が奉納された。人々は、卵、油揚げを供えた。赤飯、にぎり、いなり寿司、煮しめやトウジンボシなども出された。トウジンボシは、持って帰って、おみくじと共に地区の人にあげる所もあった。

雛祭りには、餅を搗いた。赤白青（緑）の菱餅やよもぎ餅にした。菱団子を作った。自分の家で作ったものは、よその家に配り、仏様にあげた。三月のお大師さんには団子を作ったり、いなり寿司を作って供えた。昔は、煮しめや巻き寿司を作った。浅ケ部地区では、愛宕さんでのお接待があり、アズキご飯、たくあんでもてなした。

端午の節句には、ショウブを屋根にさした。かしわ団子を作って供えた。米の団子は改善されて、その後、米の粉の団子となった。サルカケ（サルトリイバラ）の葉に包んだ団子は、今も人気の団子である。田植え時のお昼は、麦飯とトウキビ飯だった。よい時には、いなり寿司やバラ寿司、それに赤飯が出た。おやつには、麦団子、餡にはカライモやアズキを入れた。

トウキビの収穫時には、向こうが見えないほどたくさんとれた。皮剝きには、みんなが集まって来る。柔らかいのを釜でゆがいて、にぎやかに話しながら食べた。トウキビ飯に味噌をつけるのもおいしかった。トウキビは、包丁の背で実と皮をはずし、コザネにした。石臼で粉にして保管しておいた。米とトウキビの飯は贅沢で、麦を挽いたコザネは口の中を踊るようなおいしさだった。アワメシもおいしかった。

冬の頃のおやつは、トウキビ団子だった。アズキの塩餡だった。トウキビはよほど捏《こ》ねないと割れる。麦飯の団子もおいしかった。こぶり団子といい、釜での焼き団子だった。昼飯の残りも焼き団子にして食べるとおいしかった。唐芋団子は、イモを切って切り干しにし、乾燥したのを粉にし

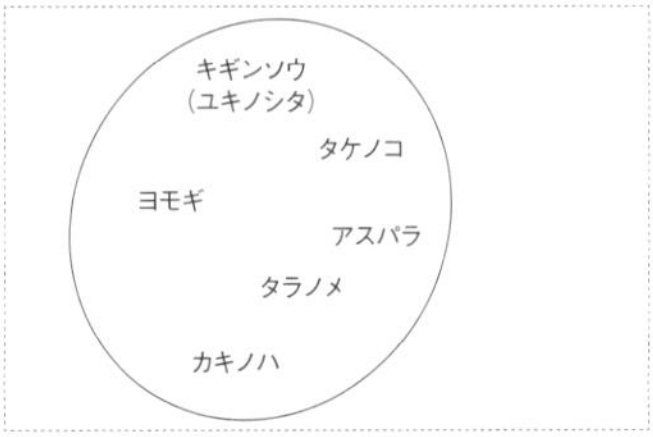

旬を食べる1

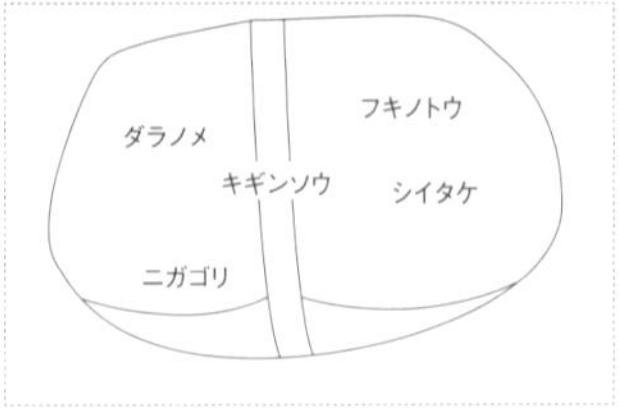

旬を食べる2

た。塩餡にして食べた。イロリに団子を置いてほだら（熱灰）をかぶせて焼くと、ふくれてほくほくしておいしかった。団子には、味噌や醤油をつけて食べた。

年間を通して、人々は食べ物の種類やそのおいしさを知っていた。特に、春の旬料理は豊富だった。柿の葉っぱのテンプラは格別においしい。特に、渋柿の葉がおいしいという。お茶、桑の葉を新芽どきにとってテンプラにするのも御馳走である。春の旬には、ダラノメ、フキノトウ、キギンソウ、シイタケなどもある。煮しめの材料には、ゼンマイ、サトイモ、タケノコ、ウドなどがあった。また、ダイコンの花もまた、味を添えた。日常の食に工夫をしつつ、季節ごとの旬料理にも敏感だった。

二　保存食と加工

次に保存食と渋加工について、諸塚村七ツ山の事例から紹介したい。

春は竹の子の収穫期である。食膳にも煮しめ、炊き込みや汁の具、山椒味噌をかけたもの、最近では竹の子寿司等様々に調理された料理が並ぶ。山から採ってきたものを大釜で茹でる。すぐに食べないものは、加工して保存する。その方法は、日に干して乾燥させるほか、生塩をふったり、塩とおからに漬けて保存してきた。

ゼンマイとかワラビは、さっとゆがくだけである。ゆがきすぎると保存が効かなくなる。湯から

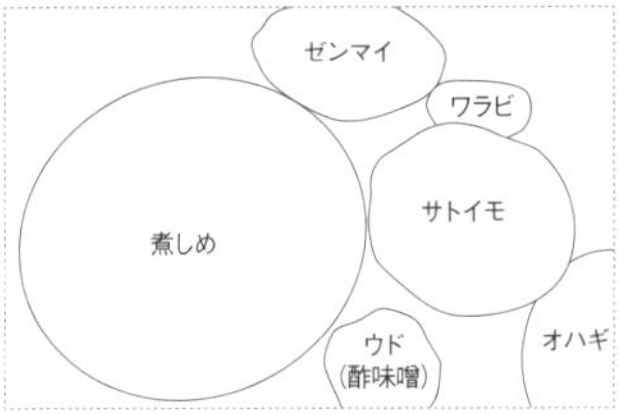

煮しめなどの
ごちそう

あげて、天日に干しムシロの上で揉む。少し乾いたら揉み、また乾いたら揉む。茶を揉むようにして広げては干し、広げては干す。三回ほど揉むと、繊維がほぐされ水分が出て細く縮れてくる。ワラビは灰汁を入れてゆがくと、色がきれいになる。湯からあげた後、揉まないで干す。ワラビは水につけておき、食べる時に水から出して使う。また、塩に漬けて保存する。いつまでも、きれいな色をしている。七ツ山では、主にゼンマイを干して保存し、売ることもあった。

フキは時期のものである。昔の保存方法は、塩と乾燥によっていた。長野県のように、砂糖漬けにして売っている所もあるが、この地ではない。

山の柿を保存する方法は、干し柿にすることである。空気が冷えて天気が続くと、正月には歯固め用の美しい姿のものを備えることができた。山には渋柿も多かった。それを甘くする方法には、ビニールに焼酎を入れてさわす方法が主だった。ビニールに焼酎をどっと入れて封をし、何日か置いた。昔は焼酎による樽抜きでしていた。甘柿と渋柿をワラに入れて熟しにすることもしていた。

湯ざわしをする人も中にはいた。
　柿渋づくりもした。まだ青い渋柿を瓶に入れておくと液が溜まり、その渋を川漁で使う網に塗ったり、楮紙に塗って渋紙にしたり、茶を揉む時のチャモミジョケや団扇に塗ったりした。渋を塗った団扇は、軽く感じた。また、防腐剤になるので、壁やあちこちに塗った。それらの保存食の基本的な技術は、現在にも活かされている。

柿の木

　山を前にして生活を営む人々には、ゆったりと山をみつめながら仕事を進める日々があった。四季を通じて、山の幸を楽しむゆとりのある生活があった。苦しい中にも、恵まれていた環境が人々に元気を与えてきた。山が変わり、暮らしの変化が急速に進む日々の中で、人々は受け継いできた自然の恵みに関する年配の方々からの教えを胸に刻み、どう伝えていくかを模索している。

（小川義彰・悦子氏談）

三　環境に生きる狩猟の知恵（猟をよむ）

　山間地においては、山川の幸がある。猟や漁がそれである。現在のような道具や技術がない時代には、人々はどんなことを考えながら獲物を手にしたのだろうか。猟師の伝統的な狩猟方法は、経験による知識を基にしていた。経験とは、山間を駆け下り、木々の間を潜り崖をぬけて歩いた実感により身につけたものである。また、川漁における毎年の漁体験が知識の蓄えとなった。人々はどのような経験値を持って、日々を生きてきたのだろうか。西都市尾八重の場合をみてみたい。

昭和二十年以前の東米良地区には、原始林に木の実も多く、また、川にはウナギの数もすごく多かった。ヤマメもいて手づかみや釣りでもたくさんとれたが、鉄砲で撃ってもとれるほど多かった。その頃には下の川にはアユがたくさんいて、一日中魚釣りをしている人がいた。十五番には大きな岩があり、トドロがあってそこから上り切れないアユがたくさんいた。タモの掬い網で、岩の間をはね上がるアユをすくうタモアミ漁で、日にたくさんのアユをとる人もいた。

樹種の多い山は、動物にとって餌の多い場所であった。餌の多さによって場所を変える猪の習性を猟師は知っていた。「カシの実の多い年は雑山に、餌の少ない時はゴソ山（クズ山）に多い」といわれた。クズ山には、ヤマイモやカズラの実などの餌がたくさんあった。シシはまた、谷に下りてサワガニを食べた。フンを見つけると、何を食べているかが分かった。「ナマアトがあるわ。カニをあせってるわ。ヤマイモを食べとるが」。カニなら谷だ。ヤマイモはクズ山だとシシのいる所を判断できた。シシは、マムシやミミズも食べた。ナバ木のホタ場の腐れた下にミミズはいる。「マムシは七迫越えてでも食べる」といわれるほど、シシにとっては好物であった。コジイがあれば一番に食べ、次にカシを食べた。カシを食べたシシは、脂肪がついて味もよくなった。

山の木の景観も、猟にとっては重要であった。昔は、ケヤキ、イチイなど銘木は残してあった。それをノゾキ（除き）といった。マキもそうだった。「あそこに行くとノゾキがあるぞ。シシはその上を通るぞ」。ノゾキの下とか元とかいって、目印にした。「木の所から○○メートルぐらいの所にウジがある」「下になびいた木がある。シシはその下をくぐるからね」「カシの木はどちらの方向を向いている」と、木の特徴とシシとの繋がりを頭に入れていた。また、木炭を焼く窯跡があった。木が寄せやすい場所に作られており、上からも下からも崖が這ってきており、そこしか通れないような道になっていた。

猟の山なみ

ノゾキは、目印であり、地形を見通す場となり、山やシシの動きを読むよい位置にあることが多かった。五合目や八合目から来たシシは、すぐ西へ越えていく。五合目の下から来たのは、吐合の所で待っておれば下りてくる。山の高さや木の立ち具合、崖の様子などで、シシの通り道を判断した。地形でシシの動きを読むのである。地形が分からねば、シシを追って行って仕留めるのは難しい。

もう一つ、猟師は風をよむ。猟師は朝山に入り、アトミを行った。足跡や爪痕の状況をもとに、長老がこの日の猟を行うカクラを決めた。風の吹く方向は大事で、犬の入れる方向が決まり、風の吹き回しでマブシの配置も変わった。セコは犬を連れて行く。あちこちにたくさん走り回るので、若い人がつく。風が変わるとマブシも上から下に、下から上へと移す。「上からかけるぞう」という時には、シシは下って駆け下りる。「下からかけるぞう」という時には、シシは上へ行く。山の地形によっても変わる。崖の向きで下へ行くか、上へ行くかが変わるので、それを早く判断した。犬の鳴き声でシシの遠近や位置を考えて構えた。この瞬間の行動は個人の力によるところが大きく、失敗するとよく怒られた。また、獲ってからも下手だと怒られた。「何しよっとか」と怒られるのは、普請と狩りの時だけだった。

マブシについてからは、音に集中した。耳をすませて、音も犬の声も敏感にとらえた。シシは、バラバラッと大きい音がする。ウサギなどの動きとははっきりと違った。風にも敏感になった。殊に犬の嗅覚は鋭く、風を受けて行動した。風がどちらから吹いているかに猟師は敏感だった。尾根の所では、落ち葉を落としてその落ち方で風を読んだ。午前中はおろし風が多く、午後からは吹き上げに変わった。風の吹き下ろしによっては、近くにいてもどうしてもシシを起こし（追い出し・見つける）きらない時もあった。その時には、長老の経験がものをいった。「あの岩の下にしゃがんでいるはずだ」と判断し、犬を上から入れたり、下から入れたりした。風の具合で、犬が見つけることが多かった。

狩りは犬次第である。シシは寒くなる頃には、木の根がわりの下やスダ（シダ）を集めた中に入っていたりした。また、ちょっとしたダキの所や南向けの日の温かい所に構えていることが多かった。何年も狩りをしていると、地形と場所はだいたい判断できた。「あそこの場所は、シシのナマアト（食べあと）を出しちょるから、二日はたっとらんど（まだ新しいぞ）」と言いながら、犬を放した。「よう見つけん」というと、長老は、「あそこにいる筈だから、上からかけてみよ」とか、「下からかけてみよ」と、言った。

猪猟は、地形と樹種と風等をよみ、猪の習性と合わせて総合判断する猟師の経験と勘に基づいていた。山の環境が大きく変わり、新たな銃や無線等による猟法の変化により、長年の経験で蓄積してきた猟師力は形を変えたものになりつつある。しかし、基本にある従来の経験と勘で培った山や動物の習性に対する捉え方は、今後も生き続けることであろう。

【話者・協力者】（敬称略）

高千穂町　吉村秀子　佐藤そでみ　陣内つきみ　田﨑シゲミ　原田マチコ　橋本たみこ
　　　　　興梠はるえ　甲斐みよし　甲斐愛子　奈須シモ
諸塚村　小川義彰・悦子御夫妻
西都市　児玉　武　中武嘉幸　田爪英明　中武畩好　中武菊弥・チエ子御夫妻
　　　　　伊藤　豊・豊子御夫妻

第二節　結いにみる伝統の力

田植え（木城町）

はじめに

「トウキョウ」という発表に、日本中が歓喜した今年（二〇一三年）のあの日を記憶されている方も多いことと思う。そこには、二〇二〇年東京オリンピック・パラリンピック開催決定にみる政界・経済界・スポーツ界その他多くの団体によるオールジャパン（チーム日本）の結束の姿があった。みごとな形で一つにまとまる姿には、暮らしの中で培われてきた独特の結集力が根底にあるのではないかと思われた。その力は、一体どこから生まれてきたのだろうか。日本の農村における伝統的な協力や労働交換の風習は、代表的な結いの姿としてよく知られている。テゴリ、テマガエシと称されるこの方法は、農村における田植えや屋根葺きなど一時に多くの労働力を必要とする時期に、効率的に仕事を片付けるために生まれた知恵であった。結いという言葉が持つ統一のイメージ、それは生活の体験とともに、日本人の心にたくわえられた力となって生きている。本稿では、日々の暮らしによって蓄積されてきた心の絆の事例を故郷の記憶として文献や見聞をもとに紹介し、その価値を考える手がかりとしたい。

一　漁に生きる

(一)　延岡市北川町のマクリ漁

現在の北川支流・小川

延岡市北川町を流れる北川は、清流とアユで知られる。本川《ほんかわ》と小川《こがわ》には多くの瀬と淵がみられ、様々な方法でアユをとる人々の暮らしがあった。その一つに、マクリ漁（刺し網漁）がある。昭和二十年代、小川では北浦町の境下塚まで魚をとりつつ上がり、戻りにも漁を行っていた。行き帰りに、三日から五日間を要する漁の泊まり旅であった。杉野初明さんの経験談をもとに紹介する。

マクリ漁は夜に行われる。夕方から網張りが始まる。深さ一～一・五メートル、六〇～七〇メートルの範囲に、一〇～一三メートルの間隔で網を張る。上流にとめ網を張り右岸から半分、左岸から半分に交互に網を出す。アユは網の間を、右に左にとS字状に泳ぐことになる。下流にうけ網を張ると、準備は完了である。アユは人の動きと逆に動く習性がある。下流を瀬頭、上流を瀬尻とする場所では、下流から舟を出す。かつては、タイマツの火を振ってアユを追い出した。カジコとマクリが舟上からタタキ棒（スギやシャカキ）やミザオ（竹）で舟べりをバチバチ叩き、アユを脅して瀬尻へ追い込む。カジコの棹さばきがアユの動きを方向づけ、マクリの脅し方次第で淵から追い出されるアユの数が変わる。瞬間の行動が、漁獲を左右する緊張した時間である。一番かかっている網から揚げるか、下流からか上流からか、アユのかかり具合をみて、カジコは舟を寄せる。舟べりにはタイマツを突き立て、マクリが一斉に網を引き上げる。川原には、カケコが竹で組んだヤマ（網をかけてアユをはずす台）を準備しておりはずしにかかる。暗い川原で夜遅くまで行われるアユ漁は、無言の中で経験に支えられた呼吸の合った俊敏な動きを必要とした。

漁獲の三割から三・五割はカジコがとり、後は親方がとった。漁獲高を増やさないと貰い分が少なくなるので、真剣だった。しばらく間を置いてまた網を入れる。淵の多い所では、一晩に三回も網入れが行えるほどアユがいた。「海と山のもんは、ウジだ」といわれ、何日かすると湧くようにアユが泳いでいて、とる前よりも増えていることがあった。三回を終わる頃には、くたくたになった。

マクリの組織は、カジコ（船頭）一人、マクリ（網揚げ）四人、カケコ（加勢人）三人の八人を一組としていた。一晩に五組、三日間のマクリ漁を行えば、十五の淵を必要とした。淵は出漁した各組が公平になるように、川原でクジをひいて決めた。漁場はできるだけ人の行かない淵を選ぼうとしたが、他の網漁もありその調整には苦労が伴った。網と舟は全て親方が揃えて貸し与えた。親方も一緒に網ふせをし、親方とカケコとの関係も緊密だった。マクリ漁は、川原に寝て、朝が来るとそこで飯を炊いた。舟には、米、味噌、醤油が積み込まれていた。おかずはアユ以外のガザ（雑魚……ウグイや小魚）で、時にはウナギもついて食べた。とったアユは、朝やって来た商売人が買って行った。

こうしたおよそ五日間のアユ漁の舟旅は、経験のある年長者が若者に技法を教え、仲間同士の信頼関係を深くする機会となっていた。日常の仕事を通して結ばれる絆の基本的な姿がここにある。

昼夜の行動を共にした漁の旅には、アユを追う鋭い目と確かな技術を必要とした。その力は、網の張り方、追い込み、網にかかったアユのはずし方と連携した一体感のある作業を通して培われ、気遣いや心くばり、安心と信頼感が生まれていった。

㈡　串間市大納のブリ漁

串間市大納に住む井手直さんは、この沖合で長くブリ漁に携わってきた。大納の海岸は、昔は松林が広がり砂浜が広がっていた。海岸には藻が広がり、テングサやウニ採りが盛んだった。女性は海岸に出て、二キロほども採っていた。「北風が吹くと、ブリが来る」「北風が吹くと、ブリが泳ぐ」と、漁師の勘が働いた。「ブリは地形が北側を向いていないと入らない」という昔からの言葉も頭にあった。一月から三月までの間が、この地区のブリの最盛漁期だった。

「今日は肌が気持ちよいが（ので）、イオが動くぞ」「今日は日よりがいいかい、彼岸ブリが入るぞ」「西風が強いから節ブリが入るぞ」「この風でブリがここん鼻をよう曲がらんでよどんどるど」ということも勘で分かった。西風が強いのは、二月頃である。凪になっている大納には、波の荒い周辺からブリが入って来た。立ち寄った他地区の漁業関係者が、「都井の海岸は、資源が大きいなあ」と語っていたこともそれを裏付けている。ブリ漁は十一月から始まり、翌年の五月まで続く。昭和四十年頃までは、櫓漕ぎで舟を動かしていた。浜に出ると、風の吹き方が分かる。出漁の判断は、風の吹き方で判断した。これも漁師の勘である。北風が強すぎる時は、海に出なかった。「波が立たせんじゃろうか」と思う時は、ただ沖を眺めるだけだった。「今日は沖には出れんぞ」と決めたのは、命にかかわることだからだった。

串間市沿岸の漁場

ブリの大敷網では、一度に多くの人の力を必要とする。井手さんは、一時、網仲間を十五、六人で結成したことがあった。親元の下には、何組かの網仲間が結成されることもあった。

はじめに、二、三人が沖に出て、潮の流れや網の様子を見回った。ブリの入り具合はどうか、網が耐えられるかなどを判断した。井手さんは若い頃から、合図をする役目で海に出ることが多かった。朝早いうちに弁当を持って海に出た。海上から十間×九間角の落とし、深さ六間の網に、どれだけのブリが入っているのかを見つけるのは難しいことだった。箱メガネで水面をうかがったり、ブリの蹴りがあるのを感じ取ったりして、ブリが入っている感触を得るなどして判断した。寒さと薄暗さの中で、ブリの入り具合を確信し、網を上げることを決めた時、陸へ向かって大きく手をあげて旗を振った。「魚が入ったぞう」「網を上げるぞう」「早く出て来い」という合図だった。

山の上の小崎には見張り小屋があり、漁に出ない人がじっと海を見続けていた。寒い日には日向ぼっこをしながら続けることもあった。二箇所に入れられた網の場所を見通し、公民館近くの櫓へ合図をするのにもこの位置が適していた。見張り番は旗の上がったのを見届けると、櫓へ合図した。鐘の番は、カーン、カーン、カーンと鐘を打ち鳴らして急いで出漁するよう促した。「早く出て来い」「早く出て来い」。時には、鐘が聞こえずに海に出ることができない人もいた。ついでながら、公民館の近くには火の見櫓があり、用事に応じて鐘を叩き、合図をしていた。鐘の合図には、五つの打ち方があった。一つは、「早く出て来い。出漁」。二は、……（忘れた）。三は「火事だ」、四つは「青年団」、五つは「女子青年団」と決められていた。

大敷網は、一張りを引き揚げるのに三十三人を必要とした。二張りを入れていた頃には、一方は四十人、もう一方には三十人で引き揚げたこともあった。鐘の合図を聞くと、浜辺から一斉に舟が出た。カジを握るカジロウ、後ろで漕ぐトモロウがつき、力のある若い衆が競争で櫓を漕いだ。櫓を漕ぐには、二、三年の経験でやっと一人前とされた。沖の網に向けて力の限り漕ぐので、舟がぐんぐん飛ぶようだった。網を引き揚げるのも力づくだった。網を手で繰り上げるのに二時間を要した。網揚げが終わると、また海を見続けた。

若い頃は朝早く沖に出て、日一日海にいて夕方四時頃陸に上がる生活だった。網は二、三張りは持っていた。漁に出ない日は年配の人から編み方や修理の仕方を習った。ブリ漁は、潮の流れや風の具合で魚の入りが大きく変わる。沖で振られた旗をみて一斉に行動する漁師たちの素早い行動や無駄のない組織的な動きには、心も一体化していることを感じることができる。毎年繰り返されるブリ漁を通して伝承される仕事上の絆が生まれている。

（井手直・フミ子御夫妻　轟みはるさん談）

二　暮らしの楽しみで深まる絆

㈠　日之影町大人《おおひと》の夏祭り

「今朝の三時過ぎから降り出した雨がやっと今上がったようでございます。お陰を持ちまして地区民の五穀豊穣、健康安全の祈願を終えたところでございます。神輿も無事に巡幸しましたので、只今から直会の会を始めたいと思います。」「こちらの社の方に役員さん、男の方もおいでいただき、そちらには御婦人方と子どもさん方においでいただきたいと思います」「これから饌供まきを行います。今年還暦を迎えられる八名の方からいただいたお米で一斗の餅を搗きました。それを皆さんに拾っていただきます」。挨拶が終わると、歓声の中に餅がまかれ、賑やかな直会へと移るのである。

大人の夏祭り

日之影町大人地区の夏祭りは、七月上旬に行われる。神社の清掃は、前日までに済ませてあり、朝八時頃に集まって境内の掃除や注連縄張りの準備を行う。地区の人々が集まる。龍天橋がかかっていない頃には、その下流に渡しがあった。影待にも渡しがあり、大人から七折まで行くには渡し守がいて渡っていた。祭りに来る人も、時間をかけてやってきたものである。

大人神社で組み立てられていた神輿が、十二時頃までに組み立てられた。法被姿の若者たちによって担がれた神輿は、十分ほどかけて神社を出発する。重さおよそ二百四十キロ、ぐっと重さが担ぎ手の肩に食い込む。担ぎ手は、十五、六人程、「ワッショイワッショイ」声を揃え調子を合わせての神幸である。（この年は選挙と重なり、例年より若者の数が少ないということだった。）雨のあがった神社からの坂道をゆっくりりと神輿は進む。先頭には、御幣を手にした神官さん、浄めの水をまく人、太鼓を叩く人、祭りの先導、そして、賽銭箱を担いだ子どもたちが十数人続く。二十分ほどかけて、神輿は歌舞伎の館前を通る。道の端には人々が神輿を待ち構えている。バケツに入れた水が神輿を担ぐ人にかけられると、歓声があがる。雨が降り出したにもかかわらず、お爺さんもお婆さんも子どもらと共に道に立ち、お神酒の代わりに水をあげ、笑顔で声をかけながら賽銭を入れている。神輿は御供田へと向かう。ここには、酒を入れたカケグリが両方にあげられ祭壇が設けられて、五穀豊穣の祝詞があげられる。神輿を置く場も設けられ、神輿はひと休みする。二礼二拍手一礼のあと、神輿は帰りの道につく。ご神幸は、集落の家をほとんど回る。神輿は、再び大人神社に還御して納められる。集落の人が集まる中で、還暦の人たちによる餅まきがなされ、そのあと直会があって人々は和やかな酒宴飲食の座がもたれる。（山室貞仁さんと、祭りの最中、歩きながらの談）

祭りの相談は、年の始めにもなされる。夏祭りが近づくと、公民館長を主にした世話人（氏子）組織が動き出す。二、三日前から神社の掃除、注連縄の飾り付け、旗立てをはじめとして、共同の仕事が割り振られる。女性も同様である。料理づくりは、その主な役割となる。飲食の大部分を手作りで行っていた時代は、多くの手伝いと道具を必要とした。そのために、それを指揮する経験豊かな年配者がいた。お祭りは、集落の長老から若者、女性、子どもたちと全世代を一つにつないで賑やかに催された。

(二) 宮崎市佐土原町のだんじり

ドデドン　ドデドン　ドデドン　サッサイ　と町回りの赤だんじりの太鼓と勇ましい声が響く。ドーンコドンドン　ドーンコドンドン　ドーンコドンドンサッサイと向こうを行く青だんじりの太鼓の音と大きな声がさらに高くなる。両者が激突する際の喧嘩太鼓は、赤組青組ともに、ドゴドゴドゴドゴドゴドゴ　サッサイ　ドゴドゴドゴドゴドゴドゴ　サッサイを繰り返す。長年だんじりを見てきた大野高志さんの耳には、こう太鼓と声が記憶されているという。宮崎市佐土原町では、毎年七月二十三、二十四日に近い土・日曜日に勇壮な夏祭り「佐土原だんじり」が催され、年々盛況さ

佐土原だんじり

を増している。初代佐土原藩主島津以久が藩の祈願七社の一つに加えたとされる愛宕神社の祭りで、無病息災、火難除け、疫病退散などを願い、祭りを楽しもうとする多くの人々で賑わう。祭礼は二日間にわたって行われる。初日、愛宕神社を出た御神幸行列は、宮司を先頭に、奉納幟、太鼓、鈴、笛、それに子どもの神輿が続く。鳥居の所から獅子舞に続いてだんじりが進む。だんじりは、神幸の際には子どもが乗って太鼓台となるが、喧嘩の際には、大人が乗って戦いに挑む。だんじり継承に大きな努力を傾けて来られた佐土原町在住の大野高志さんは、近年、「愛宕神社とダンジリ」（私家版小冊子）を編集発行された。その中から幾つか紹介したい。

徳丸彰一さんは、父に抱かれて見て、乗って、担いでの五十年間の思い出を記している。「初めて乗り、浮き上がった瞬間の感触は何とも言えず、その心地よさは忘れられない。中学一年生から担ぎ始め、最初の頃は棒に背が届かず、ぶら下がり気味でついて回った。それでも先輩たちは怒らず、優しくリードしてくれた。だんじりの町回りは、夜が一番である。灯りをつけただんじりが、狭い道をゆらりゆらりと家の屋根すれすれに進む姿は、何とも言えぬ風情があった。（後略）

大野高志さんの、昔を振り返っての夏祭りの思い出である。「中学校の頃、子だんじりを担いだことがある。これは一年ぐらいで、お神輿さんのお賽銭箱を一年、獅子を一年やったと記憶している。お賽銭箱は最初は軽かったが、後半は重くなり肩に食い込んだ。獅子は当時いろんな人との隠れた出会い（子どもを泣かしたり、女の子を噛んだり、感謝されたり）があって楽しかった。暑い中を頑張った。昭和二十四年頃、憧れのだんじりに載せて貰ったと記憶しているが、太鼓の叩き方を前の安田さんに、市原君、安田君たちと連日教えてもらい、市原君の父さんに太鼓棒を作ってもらった。昭和三十九年、鹿児島より帰ってきた夏、ちょうど夏祭りで、家の前を赤だんじりが重たそうに通って行く途中、請野峰夫さんが、『高志ちゃん何しよっとや　はよシャツ着て出らんや』のかん高い声。さっそく着替えて出たのがのめりこんだ始まりです。（後略）

赤木達也さんの「佐土原だんじり考」の担ぎ手についての文である。「担ぎ手は礼に始まり、礼に終わる。前夜は通りを練り歩き、ご寄付を頂いてのこのだんじり喧嘩の催しができることを感謝しながら披露を兼ねて練り歩く。当日は、初めにお客さんに挨拶の仕草をするところから始まる。今年の激突は、前年の激突の一こま一こまの中から凝縮された赤団青団秘策だけがだんじりのさし棒・横棒の位置・長さになって表れ、縄の締め方に凝縮される。一瞬を待つ男たちは静かに仲間同士の白い腰帯を締め合いながら、秘策の心も締め合う。後は流れの中にあり、団長の動きに身を任せる。個人の力ではどうしようもない力がだんじりの中にある。団結、調和、集中、信頼、持続、耐久、最後は指揮に従う。」（筆者註…抜粋して申し訳ありませんが、読者にはぜひ全体をお読みいただきたい。保存伝承にかける筆者の強い思いが伝わってきます。）

三者の文からは、なぜ現在まで祭礼が継承されてきたのかという答えを幾つも思い巡らすことができる。明治時代から大正時代にかけて、町人の町として多くの料亭が繁盛し、繭の集積搬出として発展した駅前、周辺の町村からの交易を元に多くの店が軒を並べて隆盛を極めた佐土原の町。そこには、商人という経済的な支援者が存在した。また、旧来の氏子組織が力を持ち、氏子代表による運営がなされてきた。赤だんじりと青だんじりとの地域的な区分けを守り続け、大人のだんじりと子だんじり、神輿と獅子舞という役割を明確にしてきた祭礼の在り方は、幹部と呼ばれる高齢経験者による祭礼精神や行動規律を重視する指導によって伝統の確立が図られてきたといえる。歴史的な環境を大事にして継承されてきた努力が、現在に生きている。これに加えて大事なのは、人による伝承である。

三名の記録からは、父をはじめとする家族との祭り参加がある。そして、幼い頃からの祭り参加経験の思い出がある。また、若者が祭りにすっと入りたくなる地域の人々の雰囲気がある。先輩や長老から、親切に教えてもらったことや厳しく指摘された思い出の経験が、祭りに対する愛着の心を蓄積させてきた。そんな中で、このだんじりにも、昭和三十八年から四十年の三年間、赤だんじりだけで祭りがなされたことがあったという。それを支えたのは、請野峰夫さんだったと大野さんは感謝の念を記している。

以来、佐土原だんじりは有志の人々によってしっかりと継承されてきている。時には地響きをたて、また滑るように進むだんじり、太鼓の響、ピピー　ピッピッという笛の合図、ワッショイワッショイの子ども神輿の声。大通りには、注連縄に提灯が飾られ、幟が立ち、出店が並び、煙と呼び声の間を人々が混み合って行き交う。色鮮やかな浴衣姿の女性の踊り、三味線の音、音頭が流れる。子どもたちの踊りの出演がある。昔ながらの懐かしい風景と新しい趣向を入れて、夏祭りを楽しもうとする人々の心が一つになっている。

三　人生儀礼に見る絆

(一)　高千穂町、五ヶ瀬町にみる誕生事例

現在では、見ることのできなくなった風習を記録や聞き取りによっって知ることも多い。

「生まれた子どもが、虚弱児の場合には、わざと道端に子どもを捨てて拾ってもらう風習があっ

た。捨て子、虚弱児についていては、よく育っている子どもの母親に名前をつけかえてもらうと強い子になるといわれる。ノサラン（運が悪い）時は、わざと捨て子をして拾ってもらい、名前をつけてもらう。『子どもがノサランから拾ってください』といって、隣に預けたりする。お正月は名づけ親の所で年をとらせたり、氏神様に月参り（月毎にお参りする）などをする。あるいはノサッテいないといって里子に出したり、年の晩（大晦日）には名づけ親の所で過ごさせるなどの子どもを強く育てるための様々な風習事例（「日本の民俗　宮崎」田中熊雄著より抜粋）が紹介されている」

子どもが生まれた時の祝い「そら祝い」が、西臼杵郡高千穂町や五ヶ瀬町では行われていた。高千穂町では、「舟入れ」「松入れ」と称し、元は男の子の岩には松、女の子の祝いには舟とされたが、そのうちにどちらでもするようになった。長男誕生の家には、盆の松の鉢に入れたアカマツを、家の人に知られぬようにそっと戸を開けて入れた。また、薪を引っ張り出して船の形にして竹で帆柱を作り、鞆を前にして運び、家の床柱に結びつけた。舟には縁起のよい歌を和紙のような長い紙に書き竹棹に吊していた。家の人は当日の夜は気づかないふりをしていたが、翌日にその若者たちを招待して御馳走をした。

これを「そら祝い」といった。（鈴木由春氏談）

五ヶ瀬町では、誕生や結婚祝いの家に、若者など数人が根っこから掘り起こしてきた松を運び込んだ。家人に知られぬようにそっと運び、松の端に担ぎ込んだ人の名前を書いて土間に入れ込んだ。これには、松の根っこのように太く、松のように栄えるようにという願いが込められ、「枝も栄えりゃ葉も茂る」とか、「だるまさんを転がして福の神が舞い込んだ」と歌った。これを「松入れ」といった。また、家人に知られぬように、薪を取り出して畳一枚分ぐらいの広さの舟の形を作り、家に持ち込んだ。これを「舟入れ」といった。翌日家人に呼ばれて祝いの宴会となった。これを、「そらかけ」「そら祝い」といった。(西川　功氏談)

誕生した子どもが無事に育つようにと願い、集落の若者たちが出産のあった家を祝う風習は、地域の人々が新しい命の誕生を喜び、これからを共に幸せに暮らしていこうとする歓迎の姿を示したものである。このように、誕生の時から、家族や隣人、親しい地域の人々による繋がりが深められていくく社会があった。

(二)　宮崎市高岡町の結婚習俗

第二の人生がスタートする結婚に於いても、人々の繋がりは深い関係をみせる。宮崎市高岡町の事例を紹介する。戦時中の結婚年齢は、男性は二十歳過ぎてからが多く、女性は十八歳ぐらいで結婚する人もいた。ほとんどは見合いで、仲人を立てて話を進めた。仲人は地域の顔役で、多くの人から依頼された。仲人は、男性、女性ともに新郎新婦の双方がたてた。後日夫婦の仲がうまくいかない時には相談に行き、依頼して世話をしてもらった。二人の話を聞き、結婚の了承を得てから女性の家に貰いに行った。仲人が、「お前の娘をくれんか」と話を切りだし女性の親が認めれば、固めの盃となって縁談がまとまった。後日、結婚式の日取りを決め、双方の家では準備を進めた。昔は披露宴はほとんど自宅で行われた。はじめに嫁方へ迎えに行って酒宴となり、次に嫁を婿方に迎えて、再び酒宴となった。

戦後戦地から帰ると男性は少なく、女性の方が結婚を決めていることが多かった。相手を見るのは、初めてだった。本人が知らないうちに決められ、仲人の話で決まった。仲人の経験による目は確かだった。「新婚旅行は田んぼです」というのが、その頃の常識でした。結納は特になかった。仲人と親が盃を交わすことで、両家の約束が決まるという慣例だった。結納金も指輪もなかった。決まっていたことが、破談になることもあった。よいとはいえない雰囲気でも、しばらくするとよくなることもあった。うまくいかない時でも、親族の有力者に頼むと大体はうまく事が進んだ。しかし、すぐに返事をするのも世間体がよくないと考えて、しばらく返事をしなかったり、難しい雰囲気を作ることもあった。ようやく事が運んだという方が、周囲からみても良縁の成立だと大事に考える風潮もあった。

仲人は人格者がなっており、勧める意味が後から分かることもあった。仲人は、「二番目の親、仲立ち親」といわれるほど尊敬された。仲人と両家の約束が決まり、見知り合いとなり、血縁並の意識と付き合いが始まるのは、二度の披露宴からであった。結婚は親戚が増えたという喜びでもある。夕方嫁の家で宴が始まり、「そろそろお開きにしましょうか」と話が出され、お茶が出されるのは夜も遅い頃である。それから、婿方の家へ両家の人が向かう。嫁方と親戚の人たちが行列を組んで歩く。荷物も一緒に客馬車や荷馬車、リヤカーなどで運んだ。タンスと長持ちくらいが大きなものだった。荷物は、行列の最後だった。道の端には、人々が待ち受けて祝っていた。また、婿方の家に嫁を見に来る人も多くいた。仲人は飲むのを控えており、先頭を歩いた。婿には婿まげ、嫁の世話をする人が嫁まげとしてついた。婿と婿まげは少し早く帰って、まもなく到着することを知らせた。家を出る時には嫁貰い歌の祝い歌を歌った。「もろたもろたよ　よか嫁もろた」「もろた花嫁二度と返しゃせん」。婿の家で「みえたみえたよこの屋の館　これこそ我が木に御館」「開けてくだされ初縁の障子　どうぞ上がってくださ い」

婿の家に着くと、庭から入った。婿の家では、さらに賑やかな宴会が夜中まで続いた。仲人の挨拶もあった。嫁まげになる人は、年齢も近く適齢期であり、すぐに嫁に行く人が多かった。向かい合って、「あんたんとこと親戚になったぞ」と一族の増えたことを喜び合った。

結婚後の嫁の仕事は、家事と農業の仕事が始まりで、家庭の一員として頼りにされた。隣近所の顔見知りや友人の若者は、別の日に招いて祝いをした。仲人は、嫁の紹介はよい所をほめた。男性は、「男はしゃべりすぎるといけない」として、無口の者をよしとした。披露宴では、婿はどんな男だろうかとみられていた。穆佐での偉い人も出席しており、旧来の男性観を意識した風潮が残っていた。

里帰りは、翌日に両親と婿と嫁の四人で行った。お礼方々、焼酎を提げて行った。次の里帰りは、盆か正月だった。ひんぱんに帰ると、「あん人はとじまらん」と言われ、うまくいっていないのではと心配された。初めての正月の里帰りは、「初入り」といい、大きな鏡餅と小餅を六個持って行った。餅は一窪分ほども搗き、重いので背中に背負って持って行った。親戚にも配るので、小餅といっても、直径が一五、六センチはあった。正月は家の世話もあるため、長くはいなかった。親元からも、娘にみやげや餅を持たせせた。盆も、同じように品物を持ってきた。

（八反田　清氏・外薗忠吉氏談）

結婚においては、仲人、親族、地域の有力者をはじめとして、地域の人々が様々な形で協力した。また、花嫁行列には多くの人々が祝福して迎えた。若者の歓迎やいたずらの動きもあり、料理作りには女性の大きな協力があった。地域が新しい仲間を迎えるという雰囲気があった。新郎新婦にとっては、様々な人々の結びつきがみえる祝いの場を通して、これからを生きる人々の絆を自覚し、心の向け方を左右する価値ある機会となったことであろう。

㈢　川南町通浜の盆供養

仏教には、祖先の霊を祀る盆行事がある。精霊さまを迎えるために墓掃除をし、迎え火をたく。盆中には、果物やお菓子を供え、朝昼晩のお茶や水あげ、ご飯あげ、ソーメンや団子などを供えて供養する。初盆の家では、玄関に提灯を吊し、仏壇に提灯や灯明を灯して室内を賑やかにして盆の悔み客に備える。親戚や地区の生活を共にしてきた人々が、挨拶に訪れると、酒肴やお茶で故人をなつかしんだ。お盆の時期には、今も変わらぬ風景がみられる。

『川南町史』によると、初盆の家では、供養の盆踊りが行われ、十三日から十五日の間、集落の

盆踊り（日之影町深角）

広場や初盆の家などを回って盆踊りが行われる。川南町の通浜地区では、三日間にわたって盆踊りが行われてきた。当地区の盆踊りは、移住してきた日向市細島地区の人によって伝えられたとされる。十三日は智浄寺の檀家の人たち（筆者註：平成五年頃は浜の半分くらいか）によって踊られる。供養踊りは、新盆の家は提灯一つと竹に短冊をつけたもの二本を準備する。夜の七時頃から始まって十二時頃まで踊る。踊りが済むと提灯を先頭に短冊を持って音頭をとり、囃しながら墓地へ行く。墓地に短冊を一本立て、音頭をとり囃しながら寺へ帰る。次に、もう一本の短冊竹を同様にして海へ流し、寺から皆がそれぞれ帰って来たところで「成就《じょうず》揚《あ》げ」をする。酒宴を一時間半ぐらいしたところで、短い音頭をとり囃子をして終わり同時に解散する。

平成五年八月十四日に通浜の盆踊りを訪ねたことがある。漁業組合の広場には、新盆の家の位牌と遺影が持ち寄られ、合同供養が行われていた。初盆の家の人たちが集まって祭壇を作り、遺影や花を供えて、ニジョロ（新精霊）を地区の人々がみんなで供養する場となっていた。この年は、十六軒のニジョロがあった。広場の中央には四畳半ほどの櫓が組まれ、四斗樽の太鼓が二つ置かれて二十数人が交代で太鼓を叩いたり、マイクで音頭をとったりした。朗々とした声が闇の海や裏の山手の墓にも響き渡っていた。櫓の周囲には、三尺棒踊りや手踊りの踊り子が、浴衣姿に編み笠を被って輪を描きながら進んだ。牡丹長者、志賀団七供読（口説を当地ではこう書く）、山崎三佐供読などが披露された。この晩も地区全体の行事として、十三日と同じように、墓へ向かい直会を行うことが予定されていた。以前は各家で行い、踊りは初盆の家々を回っていた。最後には墓場に行き、竿をたてかけて帰った後、直会をしたという。

参考までに、通浜地区では十五日に水神祭りがあり、供養踊りが踊られる。これは同じ水を使う人たちが行うもので、子ども参加もある。成就揚げも行われる。十六日は魚神祭りがあり、青年主催による仲間踊りがあり、この日が一番賑やかなもので昭和五十年代までは、夜八時頃から夜が明けるまで踊られていたという。（前掲『川南町史』）

数日間にも及ぶ盆踊りには、一生を共にしてきた故人に対する慈しみの心が込められている。信仰上の繋がり、血縁地縁の結びつきを通して築いてきた思い出を振り返る合同供養の場や、盆踊りのあと提灯を灯しつつ墓場に送って行く道で心に去来するものは何であろうか。残された人々の心には、死してなお大きな存在感のある故人の姿が深い絆として残されている。慈しみと見送りの悲しみを胸に、故人を死してなお絆の中におきたいと願う人々の思いを推し測ることができる。

おわりに

様々な、絆の姿を見てきた。川漁や漁撈の仕事の瞬間にかける命の絆がある。暮らしの楽しみにかける多くの人々の笑顔や活気ある行動の姿には、一つにまとまろうとする心の集結がある。それから、誕生から結婚・協働、盆供養と踊り等、人生の誕生から死後に至るまで、家族や組織・地域などの人を結ぶ切っても切れない絆がある。故郷の記憶には、喜怒哀楽を共にして暮らしてきた様々な人々の顔や声、行動の姿が浮かぶ。また、冠婚葬祭において楽しみや悲しみを共にする幾多の経験が思い浮かぶ。人々に守られ、声をかけられて活動し、命を全うする縦横上下に張り巡らされた絆の中で、生きる力を育む社会があった。しかし近年、絆を深くしてきた暮らしや仕事における出会いの場が大幅に減少し、絆の必要性が強く意識される時代状況にある。

それが、東日本大震災の後に、眠っていたかのような絆の力が一気に表出した。ゼロからの出発に際して、地域を元気づけるものは何か。地域の伝統文化としての祭りや芸能もその一つである。故郷のもつ精神的なものに目を向け、共にそれを楽しもうとする動きでもある。人口減少、高齢化社会、高度技術社会における心を支える絆作りの在り方が問われ、新たな動きが展開しつつある。集落の危機感を察して、地域の衣食住のよさを見直し、人々を守る手立てを工夫して、独自の集落活性化策を考えたり、地域振興の立場から祭りの復活を行う等新たな発想による動きも生まれつつある。

生きるために必要な絆は、必然的に生じてくる。むしろ、日常におけるよりよい集落づくりをどう進め、どう暮らしの充実を図るかということを考える中で、新たな絆の深まりも進むのであろう。人々が出会う場を多くつくること、目的を持って集まり一体となって何かに取り組むこと、地域を変える草の根からの動きなど様々な取り組みを通して、絆の発見・復活を進めていくことが大事ではないかと思う。我が町我が地域をどう将来に向けて発展させていくかを考える上で、故郷における絆づくりを加速させる時代状況にあると考えるが、いかがであろうか。

【話者・協力者】（調査時の市町村名・敬称略）
北川町　杉野初明　日之影町　山室貞仁
高千穂町　鈴木由春　五ヶ瀬町　西川　功
串間市　井手　直・フミ子　轟はるみ
高岡町　八反田清　外薗忠吉

【参考文献】
1「愛宕神社とダンジリ」（大野高志著（私家版冊子）二〇一一年）
2「日本の民俗　宮崎」（田中熊雄著　第一法規　一九七三年）
3「川南町史」（川南町　一九八三年）

第三節　神仏への畏敬

はじめに

故郷の記憶（その一）では自然をみつめる確かな目を、（その二）では結いにみる伝統の力という視点で紹介してきた。（その一）は、自然に目を向けて生きる人々の知恵について、（その二）は、人々の一生を支える社会の大きな仕組み・個人を支える絆についてであった。両者に共通するのは、よき自然やよき社会に気づき、よりよく元気に生きようとする人々の姿である。人は一日そして一年、一生と連続する時間の中で、常に自分と向き合い、励まし続けながら生きてきた。人々が、自らの支えとして大事にしてきたものは何だったのか。環境、人、の次に心という視点から故郷の記憶をとりあげてみたい。

その昔、水を自由に確保利用できなかった時代には、水不足を補うための雨乞いや祈晴の行事を行った。その種類も多く、臼太鼓踊りや山頂での祈願や水辺での水行・祈りなど、願いを行動に表現した。災害の多い歴史の中で、豪雨ごとに河川は氾濫し、家屋の浸水、耕地の流失・荒廃が繰り返されている。村々が孤立した時には、人の生命や家畜の安全確保が緊急に求められ、財産の確保や食糧・医療等を確保するための交通運輸の確保にも大きな力を必要とした。災害は、一瞬にして人々の状況を変え、心を不安にする。昨年（二〇一四年）も広島市の豪雨災害・御嶽山の噴火・台風被害と、人々の心を不安に陥れる事例が次々と起こっている。現実的な課題であり、我が身にも起こりうることである。そのような不安をなくすために、人々はどんなことを考え、願いや行動に表現してきたのだろうか。

無病息災、五穀豊穣を願い、元気のある日々を作り出してきた行動の源にあるもの、それは心に念ずるものである。祈りや感謝、それらの神仏に関係する県内における暮らしの事例をみてみたい。

（本稿で用いる神または神々の言葉は、広く神仏習合時代の信仰対象〈神仏　等〉を念頭に置いて記したので、広く解釈して読み広げていただきたい。）

一　みえない神

「ガゴがくっど」「もうゆさりになっど。はよきもんを着れ。ガゴがくっど」それを聞いた子どもは、怖さに震えて言うことを聞いた。

西米良村では、子どもをしつけるのにガゴの名を口にした。正体の分からない目にみえないこわいものの存在は、子どもたちの心に限りない恐怖心を広げ、目の前に立ちはだかった。その名はガモジンとして、西都市や新富町でも、確かに使われており小さい頃の記憶にあるという。高齢者の人には、小さい頃の怖い思い出として記憶に残っており、その経験談を聞くことができた。ガゴ、ガモジンとは、一体何者であろうか。奈良県元興寺発行のパンフレットに、ガゴゼ伝承について紹介されていた。概略次のとおりである。

「元興寺」「元興神」と記して「ガゴゼ」と呼ばれるものは、『日本霊異記』に見える道場法師の鬼退治説法中の、法師の形相が原型とされる。雷の申し子といわれ大力であった道場法師は、元興寺の鬼を退治した。道場法師は農耕を助け、鬼を退治し仏法を興隆した鬼神を象徴していると考えられる。この鬼神を「八雷《やついかづちの》神《かみ》」とか「元興神」と称した。「ガンゴ」は「ガンゴウ」からきており「ガゴジ」や「ガゴゼ」と同様に目に見えない妖怪や鬼を示す言葉と考えられる。ガンゴという言葉や目にみえない妖怪や鬼という表現に、共通のものを感じ取ることができる。

みえないけれども、多くの人に信じられている河童・水神・山の神の伝承も、県内に残されている。[註1] 延岡市北川町では、「七夕の頃、馬を洗いに行く時は気をつけろ」といわれていた。「河童は水の中から出てきて、馬を水の中へ引きずり込むという。それで、川に入れる時は、辺りに目を配って馬を洗った。暗くなる頃、

山の神（椎葉村）

河童は鳴き声をあげながら山の方へ上がっていったのを聞いたことがある」「川を汚すと、河童はいなくなる」土地の古老は、そんな話をしてくれた。また、水神様と河童のつながりや、山に上がって山の神になることも教えてくれた。川の水がきれいで、山深く森林の多い本県は、河童の伝説にふさわしい故郷であるという思いがする。

川や山の神についての話が、西米良村にある。「山の神と川の神は姿を変える。一家だ」。夏は水に住み、冬は山で送るとして、カッパや山神となって、姿も変わり、人によってみえかたも変わるとされた。隣の熊本県球磨郡では、山ん太郎、川ん太郎と呼ばれている。山の神は尾根に作ってはいけないとされている。山の神様は、川から山の頂上まで通って行くので、そこに猟師が寝ていると、落とされるという。山神や水神の通り道であるので、尾根でいたずらするな、木を伐ったりするなとよくいわれたものである。村所八幡神社の近くの八幡とどろからも、山の神はあがってくるといわれる。神社の神職が、春の彼岸一週間ぐらい神社に泊まって修行をする。そこにも山の神様の通り道があるといわれる。夜中にドーンッという音であわてて飛び起きたり、急に光に照らされたり、大きな音がしたりしたという。不思議な体験は、静かな山里の何にも音がしない世界にあって、波長が自然とあった時や、子どものように邪心のない人や酔っぱらって子どものように純心になった人にはその気配が伝わるものだと聞かされてきた。子どもの頃から、川を見て小便するな。山の方を見てせよとも注意された。

ある時、村の中で毎晩牛馬がうめくような声で鳴いたり、大きな声で鳴く事態があった。家の主人が法者を訪ねて願をたててもらうと、「これは、水神様じゃ。あなたの家には、川の流れの中心から水を引いているはずだ。それをやめなさい。水は近くの方からとればよい」と法者は述べた。山の神まつりは、親方が指図をして準備を行い、神主さんを招いて安全祈願をした。神主に近い人も各集落にいて、神事も行うことができた。あらかじめ定めたモリギに、注連縄を張り、モリギノゴヘイをあげて神を勧請した。祝詞をあげ、お神酒を入れたカケグリ、米（洗米）やアズキかダイズ、川魚か山の肉、粢《しとぎ》などを供えて祈願を行い、山仕事の安全を祈願した。その後は直会《なおらい》があった。「正五九は、猫も出入りしない」「嫁入りなどのもらいものはしない」と、米良ではいう。神を祀る月であり、仕事はしない。山の神に怒られるからだといういう。（註2）

銀鏡神社

西都市東米良には、山の神に関連してカリコボーズの話が大事に伝えられている。銀鏡では昔から、神社で鳴き声を聞いた人は多い。家の前を鳴いて通るが、次第に遠ざかっていく。カリコボーズは、夏は水神、秋は山の神になるという。秋の頃になると、川から尾根伝いに上っていく。鳴き方には人をだますような、ホーイホーイとか、ギャーッとかの声を出す。山が崩れる音、木が倒れる音、山師が騒ぐ音が聞こえるが、姿が見えない。不思議な現象である。頭の上でバサーッと音がしたりする。動きが早く、ここで鳴いているかと思えば向こうで鳴いている。鉄砲で撃ってもだめである。神の使いだと聞いており、そんな時は早く家に帰った方がいい。山の神が飛んでくると一本毛が逆立ち、身の毛がよだった。山が崩れる音もした。尾八重では、秋の九、十月頃、学校帰りや夕方にピリリリ、サイサイサイサーイと鳴いていた。一人でいる時に、得体の知れないものの声を聞くことはとても怖かった。カリコボーズは、春の彼岸には川に下りて、秋の彼岸には山へ向けて行くといわれた。川の近くの尾根から山に上がるといわれていた。山の精、川の精で魑《ち》魅《み》魍魎《もうりょう》といわれ、水と関係がある所にあった。

みえない神をイメージ化し、時には怖さを感じつつも、身近に感じられる神として、敬虔にかつ慎ましく接する人々の姿がある。それはよかれあしかれ、人が清い心で生活の全てに神を求めて生きようとする人々の願いによって生じたものである。

二　暮らしとともにある神

一年間の暮らしにおいては、正月の年神がある。訪れる神々には、招かれる神と招かれざる神がある。また、山の神・田の神・大黒さんもある。仕事の上での大事な神に対しては、年間の節目節目での祈りや感謝の行事を行った。山間地における狩りの地では、狩猟神が祀られ、豊猟祈願と鎮魂の儀礼を行ってきている。暮らしの神々は、数多くある。

三　訪ね歩く神

よいことが目の前に現れてほしい、よいことを日常生活の中にみえる形で実現したいと人々は願っている。願いを叶えることで生きる元気を得ていく。みえない神でなく、姿のみえる神を登場させることもある。その事例をみてみたい。

㈠　都城市のカセダウリ

カセダウリ

都城市内には、小正月、一月十四日の夜に、異様な姿をした神がやって来る。カセダウリと呼ばれ、家庭を回って品物を売りつける。平成六年の頃だった。夕方、一人の男性が沖水公民館にすっと入っていった。だれもいない場所で、顔を黒くぬり、白や赤の色で化粧して誰だか分からない顔に変身した。両耳をタオルですっぽりと隠し、顎で結ぶ。顔をみせぬように麦わら帽子を深くかぶる。上衣に作業ズボン、その上に合羽を着た。背には棕櫚蓑を着け、手袋をつけた。何やら品物をカルイカゴに入れ、準備が整うと、「どっこいしょ」と立ち上がって闇に消えた。（了承を得て私も後をついて行った。）
暗い夜道は、寒の時期で冷え切っている。ビューッと木枯らしが正面から吹きつける。正月春を前にして地区へと向かうこの神様は、一体何者であろうか。明るい明かりが漏れている一軒の家にやってきた。ガラリと戸を開けて、無言で家に上がって行く。家の中は、明かりがまぶしく、煮炊きする湯気で部屋が暖まっている。「おうっ」と、座がどよめき、異様な姿の神に視線が集まる。懐かしいやら嬉しいやらという表情である。家族や親戚の人が集まり、ご馳走や焼酎を構えて待っておられたふうである。「まっ、いっぱい」と家人は焼酎を勧める。神様は背中から持ってきた品物を出し始めた。手作りのテギネ、ゾウリ、火吹き竹、手箒や手桶、タワシなど、生活用品が主だが高価な物ではない。語りながら、焼酎をお互いに飲み、値段の交渉が始まる。大方、こんな進行具合だった。

家人（話しかけて掛け合う）↓
「おはんなどこかい来やったんな」
「まあ焼酎飲みない」
「これ飲まんと買わんど」
「飲みっぷりがいいど　もう一杯」
「今年も豊作でありますようにな」

↓神様（話さず身振り動作で）
（入って来た方を指さす）
（品物を差し出す）
（焼酎を飲む）
（もう一杯飲み品物を広げる）
（うんうんと　うなずく）

「そりゃ　いくら」「百円　百円」
「そんなもんや　三百円」
「三千円てや○が三つ多いわ」
「もう一杯飲みないそれかいじゃ」
「どっかい来やったんな」
「鹿児島じゃろ」
「なんぼな」「やしいわ　こりゃ」
「ほう　がっつい百円にしよう」
「ちった　まけやいお」
「よし　飲めば買うが」
交渉成立で笑顔の拍手となる
他の品も交渉し、高く買ってやる
家の中は終始笑いが絶えない
家人が暗闇に隠れていて、バケツで水をかける

（指でトントントンと叩く）
（首を振り　指を三本示す）
（顔を下向きにして無反応）
（焼酎を飲む）
（上の方を指さす）
（一つだけ箒を手にする）
（トントンとテーブルを叩く）
（いやいやという仕種）
（指を五本たてる・五百円）
（飲んでお金をもらう）
（後に何軒も回るので、飲み潰れないうちに退散する）
（持ってきた品をカゴに入れ早々に玄関から出る）
安心した所へザーッと水が飛ぶ
「（ヒャッ）……」
暗闇へ神様は大急ぎで消えた

水をかけるのは、作物に豊富に水がゆきわたりますようにという願いでもある。どこかからやってきた神が集落の一軒一軒を回り、家庭に笑いと幸福をもたらし、作物の豊作を願う祝いの行事となっている。都城地方では一月十三日にホダレヒキの餅を搗き、十四日にメノモチを飾った。

カセダウリは、変装して集落を回り、持ってきた品を渡し、家人から祝儀をもらって帰る。その際に水をかけられる。都城市岩満町では、戸をコツコツ叩くのでカセダウチというのだという。それが手作りの物ではない品を持って来て売りつけて帰るようになったので、カセダウリになったのだという。（註3『宮崎県史叢書　宮崎県年中行事集』以下同書と記す）

同書によると、カセドリウチ、カセダリ、カセドリ、カセダルなど名称の似た行事があるが、串間市本城のカセダリのごとく、一月十四日夜に家々を訪れてくる覆面、変装の来訪者のことであると紹介されている。

(二)　えびの市の餅勧進

えびの市加久藤大明司地区では、小正月一月十四日、極端に元気な踊りの集団が地区内を駆け巡る。餅勧進（モッカンジン）と土地では呼ぶ。日が沈み辺りがほの暗くなる頃、暗闇に一団が動き出す。思い思いの色鮮やかで派手な衣装、顔は白黒様々、野良着姿から宇宙人までと人物も様々である。訪問した家に着くと、ラジオのボリュームをあげて辺りを一気ににぎやかにし、踊ったり歌ったりする。

平成七年には、この集団が幾つか登場した。「益々繁盛の歌」を歌い、手にはフライパンやスリコギ、小太鼓やタンバリンなど音の出るものを持って威勢よく踊り回った。中には、三味線や拍子木などでにぎやかさを出す一団もあった。訪問先は、厄年や還暦を迎えた家を宿とし特別に依頼のあった家その他を勘案して決められた（現在は、厄年や還暦を迎えた男女が訪問するという）。男女が男装女装して神様に扮し、親戚や知人、事業所や依頼主の所を回った。商店にやって来た一行は店の中で広く輪になり、「お店の繁盛　益々栄えます」と歌い、商店主は、これらの来訪者に感謝を述べてお礼をはずむ。昔は集落内を回り、酒の接待を受け餅をもらって庭先で踊るものであったという。集団が幾つもあったため、全てを追いかけることは困難であった。また、若者が多い集団は、あまりの動きの早さについて行けないほどである。神様の勢いも、踊りや歌で爆発する。近年は、餅よりも祝儀の方が多くなっているとのことである。

寒風吹きすさぶ夜の集落に、明るい笑いとにぎやかな踊り、歌を繰り広げるこの行事は、店・事業所や個人の発展繁栄、厄祓いと無病息災を願う新年の行事である。思い思いの神様の姿が、時代とともに変わるのもまた興趣である。正月に訪れる神は姿も雰囲気も対照的であるが、明るく親しみがあり、寒い季節を明るい気持ちにさせる来訪神である。両者ともに人々の願いによって出現した神であり、人々の生き方に力を与えるものである。

㈢　新富町新田神社のいぶくろ

体をさするいぶくろ

いぶくろの両神

いぶくろは、新富町新田神社で七月二十七、二十八日の両日にわたって行われる御神幸の行事である。平成二十六年七月二十七日、新田神社の境内にセミの声がかまびすしい。神事の太鼓と参拝者の柏手が響き、鳥居の前の道にはずっと白い注連縄が張られている。社務所では、神となる二人のいぶくろの衣装作りがなされる。やがて御神幸が出発し、一日目の北回りの行程を進み始める。

一行を、二神のいぶくろが先導する。二神のいぶくろは、バッチョガサに白・赤の面を着け、首にはタオル、前には胴着、黒カバンを肩から提げている。後ろ腰には御弊を差す。上衣は青の長袖、下衣は水色の袴姿である。手には丸竹の先端を割ったものを持ち、ガラガラ、ザーザーと音を立てながら曳いて歩く。トラックには、御輿と太鼓が乗せられ、子どもたちは賽銭箱を持って集落へと向かう。暑い夏の陽ざしを受けて、北回りは上新田を一日、南回りは下新田を一日、二日間にわたって広範囲の集落を回るこの祭りは盛大である。

いぶくろは、各公民館をめざして歩く。集落では多くの人々が出迎える。いぶくろは、竹の棒で人々の頭を軽くたたき、体をさする。妊婦にはやさしく身体をなでる。厄祓いをしてもらうと、この一年を平穏に暮らせるという。いぶくろには焼酎が出され、喜捨がなされる。御輿が下ろされ台に乗せられると、人々はその下を潜って引き返し、今年の無病息災や豊作等を願って手を合わせる。出迎えた人々が潜り終わるまでの間、子どもたちの賽銭箱も人々の間を回る。親しい言葉をかけてくる人々に対して、終始、いぶくろは無言である。おにぎりや焼酎、スイカや冷たいものなどで人々はもてなしをする。ひと息入れたあと、一行は次のお旅所へと向かう。田んぼの道、集落の間、辻を曲がって、待ち受ける場へと進む。

一日目を終えると神社に還り、二日目を迎える。成法寺、新町公民館、塚原上城元公民館へと進む。区長挨拶も行われ、賑やかな出会いをし、語り合いながら休憩する。境内にはそうめん流しの竹の台が高く組まれ、木陰の場に集まってそうめん流しが始まった。やがて、南に向けて出発。ここからは収穫期を迎えている広い広い黄金田の風景が広がり、まっすぐな道が延びている田んぼの中央を一行は進む。いぶくろも一行も汗の噴き出す道である。やがて、緑深く涼しい風のわたる今町神社に到着。この神社では神楽が舞われ、人々は涼をとりながら、次への英気を蓄える。こうして、舟津、末永、伊倉、中村等次々にゆかりの地を訪れて歓迎を受け、夕方早めに神社に帰還する。その後、直会となる。

暑さ真っ盛りに行われるいぶくろは、集落や人々の地を訪ねて回り歩く神である。肩から提げたカバンは、いぶくろの名の由来に関係する。「宮崎県の民俗芸能」には、「宮崎県史蹟調査第五集」

の記述を示し、「射手の従者をエブクロというは、餌袋持ちと云うことなり。古は田猟の従者を餌袋と云う。……古は旅用物を袋に入れて従者に斎せ行と見えたり。……餌とは鳥獣を云う。射取りたる鳥獣を袋に入れて持つ故に餌袋持ちと云う義なり。安井息軒翁の説」とあるが、「餌袋は鷹狩りの時持たす鷹の餌袋で、エブクロサシと云うのは餌をかつぐと云う義で、サシはさしにない の略である。（後略）」と記述されている。また、「新田地区の人々の中には、いぶくろに対して「神様のいぶくろをみたすため」とする語り伝えもある。そして現在の子どもにとっても、「ちりひくぞ（ひきつけを起こすぞ）、といわれるほど怖い物がいぶくろである」と説明がなされている。

いぶくろは、よいものを担いでくる存在でもあり、また子どもたちにとっては恐ろしい存在として伝えられていることが察せられる。

ハレハレ（崎田一郎氏提供）

(四)　宮崎市倉岡神社のハレハレ・穆佐神社の竹馬

いぶくろと同じような神幸の先導役をつとめ、集落や神社をかけめぐり異形の姿をして移動する神に、宮崎市糸原倉岡神社の祭礼に登場するハレハレや宮崎市高岡町穆佐神社祭礼に登場する竹馬がある。ハレハレは鬼面をつけ、全身をフウトウカズラなどの草やシュロで全身を覆い、頭には御幣をつけている。太いモウソウチクを腰につけ、前には賽銭箱ともなる腰テゴをさげて歩く。竹の先端を割りガラガラと地面をすりながら歩く。

また竹馬は、鬼面をつけタオルを被り、長着に身を包んで襷《たすき》をかけている。穆佐神社の名を記した祝いの紙をつけ、割り竹を引きずりながら大声を出して歩く。以前は恐ろしい面の形相に加えて、シュロの葉で腕や足を巻き、股にはさんだ竹を男根の形にし、後ろの先端を割り竹にして大声をあげながら歩く。その姿に、子どもたちも怖さを感じて泣きじゃくったという。前には賽銭箱を下げる。三地区とも二神であり、いずれも、薩摩藩、佐土原藩領内に存する神幸先導の異形神である。

メゴスリ

地面をたたくメゴスリ

(五) 串間市のメゴスリ

串間市広野地区に伝わるメゴスリは、旧暦八月十五夜に行われる。午後を過ぎた頃、集落の中にある薬師堂に数人が集まり、メゴスリの扮装作りを始める。そのメゴの姿をみてはいけないという。このメゴスリには、集落の前半分を回る時には中学生が、後半の集落を回る時には若者が扮するという（前掲書）。筆者が平成五年見聞の際には、若者のメゴスリを主にみた思いがする。

顔を鬼の面で覆い全身を藁縄で包み、頭部は荒縄の鉢巻きをし、その先端をゆらゆらさせながら歩く。手にはシュロの手甲をはめ、ワラヅトを持って地面を叩く。大きなアシナカで力強く歩く。メゴスリを先頭に小・中学生が藁を巻いて作ったワラヅトを持って地面を叩き、家々を回る。もぐらもちと称されるように、地面を叩きモグラを追い払い、作物の豊作を願う十五夜の行事である。「もぐらもちゃどんとこせ　やっごめ（焼米）をくれんかの」と、子どもたちの大きな力強い声が聞こえ、ワラヅトの音が辺りに響く。その声と土を打つ音は、そのまま集落の元気さを象徴する。

十五夜に出現するメゴスリは、月が空に上がるに連れて、次第に行動が荒くなる。家に駆け上がって、大人に抱きついたり倒したり、小さな子どもを抱き上げて脅したりするなど無礼講の動きとなる。酒を飲み、駆け回って家人と無言の動作によるかけあいで酒や祝儀を引き出そうとする。家の中では歓声が起こり、笑い転げながらメゴスリの暴れるままにしている。

子どもたちを引き連れて集落の一軒一軒を回りモグラ打ちをするメゴスリは、神聖な子どもたちを従えた来訪神なのである。家々には月見用の飾りや食べ物が供えられ、子どもたちは各家を回って十五夜の供え物をもらう。月も高く上がり夜も遅くなった頃、集落の広い場所で、メゴスリも入って綱引きが始まる。他の地区から来た人も加わり、十五夜の月の下で大きなかけ声を出して引き合う勇壮な綱引きが展開される。

㈥　来訪神の登場

これらの神々の行為を特徴的にみてみたい。まず誰だか分からないように顔を隠している。声を出さないで、動作でやりとりをする。どこからやってきたか分からなく、人と同じ次元での行動をしないという点では、神格的な存在としての姿を想像させる。その行動は、大暴れして家の中を駆け回り、集落を荒々しく歩き回って各所の祓いを行う。また、地面を打って地の霊を起こし、作物の豊作を願う行為に加わる。持ち物で人をなで、健康をもたらす行為をする。あるいは、人に害を与えず、賑やかで騒がしい踊りと音楽で巡回して集落や人々に幸せや喜び、力を与える。災厄を祓う。いずれも怖い存在や身近な存在として常人とは異なり、人々の前に現れる神々である。

以上紹介した事例は、いずれも来訪神と称されるものである。人々が願いとし、訪れてほしい幸せ、あるいは除きたい災難や困難、また禁忌のことなどを、神に託して姿に現したものがこれらの神であろう。豊作を願う心は、カセダウリでの帰りに水をかける行為に現れている。

餅勧進の楽器は、三味線や、石油缶、太鼓や鳴り物など近くにあるもので大いに辺りを賑やかにし災いや厄年への不安を吹き飛ばし、福を呼び込もうとするものである。また、イブクロほかの神々は、夏の疫病退散や暑さを乗り切りたいと願う人々の象徴神でもある。メゴスリは、集落の魔払い・厄祓いを行い、豊作を期待する人々の願いが登場させた異形神である。神様は無言であるが、明るく、また人に優しい。また、乱暴狼藉や脅しをかける神に対しても、人々の心は寛容である。

［表二］来訪神の紹介表

視　点		カセダウリ	餅勧進	いぶくろ ハレハレ 竹　　馬	メゴスリ
いつ	実施月日 季節 昼夜	１月14日 冬 夜	１月14日 冬 夜	７月下旬 夏 昼	十五夜 秋 夜
どこ	個人の家 集落 特定の地 人数	個人の家 集落 二人で 何組か	個人の家 集落 依頼者 グループ	集落接待所 神社 公民館 二人	個人の家 集落 数人
だれ	風体	顔を隠す 合羽 蓑 小間物	顔を塗る 派手な衣装 楽器類	面　胴着 棕櫚・カズラを巻く 割竹　テゴ	面 藁縄で身体を巻く ワラヅト
何を	行動 対話 持参物等	宿の主人に品を贈る 無言 手作り小品 生活用品	歌い踊る ソーレの声 なし	さする、抱く 荒い、乱入 無言 なし	土を叩く 綱引きする 乱入 無言 なし
対応	迎える人	酒食の饗応 品物の売り買いで掛け合う 水をかける	歓迎接待 厄年の人 祝いを差し出す	酒のもてなし 御輿くぐり さすってもらう	酒食の饗応 家族で待つ
なぜ	来訪理由 土地への貢献	五穀豊穣 福の招来 家や集落の幸福	厄祓い 商売繁盛 魔祓い	五穀豊穣 無病息災 魔祓い厄祓い	豊作祈願 厄災祓い 年占い

神々との出会いを通して、人々は心に安らぎの場をもつことができる。来訪の神々は、現実の幸福や災難の集約された姿であるが、これらの行事を通して、人々はそれを乗り越える活力と明るさを蓄えようとしている。

四　降臨を願う神と人々の願い

神仏習合の時代を通して、身の周りにある様々な神が人々の心に宿るようになった。人々は多くの願いを聞き取り、安心できる暮らしを約束してくれる神々を念頭におき、神楽を通して神の降臨を実現しようとした。神を迎え、共に過ごして願いを立て、安心の心を得ることで、新たな明日に活力を得ることができた。降臨して舞い遊ぶ神々は、祈願の対象や人々の胸中から生じた多様なものであり、集落の活気や一人ひとりの生きる心に大きな力をもたらした。

一年間の暮らしを立願と感謝を繰り返して生きてきた人々にとって、無事に過ごすことのできた喜びと感謝を迎える場は、村の祭りである。秋冬の集落の祭礼の中心には、神楽が執行される所も多い。集落や個人の平穏な暮らしに感謝するとともに、翌年のさらなる幸せを願う気持ちが盛り込まれる。その思いを表現するために、神々の登場する舞台と神々と人々の物語を折り込んだ物語が構成される。神を迎え、神と問答し、感謝と喜びの場をもつ神楽は、人々の願いをみごとに番付の中に組み入れている。それらの幾つかを、県内の神楽を事例に紹介したい。

(一)　神々を招く

秋の雲のたなびく十一月中頃になると、高千穂の夜神楽が始まる。浅ケ部神楽では、氏神様である盤下権現神社に、元締、神職、世話役、舞人（ほしゃどん）等が神迎えに行く。神事のあと、御神体を移した御輿や獅子、白装束の棒術、神面、ほしゃどんを中心に、太鼓・笛の音が流れる中を行列は神楽宿に向かう。途中の家々や道の両側には、老若男女の村の人が迎え、御輿の下を潜《くぐ》り戻って手を合わせる。氏神様を迎え祈願と感謝を込めての祈りである。

神楽の道行き（高千穂町下川登）

自宅での来客応対などで神楽宿に行けない人々も多く、浅ケ部の集落を神楽の前と後で回るこの道行きは、祭りを全ての人々のものとする心配りである。道行きの行列は、先々で舞い込みを繰り広げつつゆっくりと進む。神楽宿に着くと、氏神様を乗せた御輿は神庭から祭壇に移され、多くの人々に見守られる中で神楽の始まりを迎える。神迎えの大がかりな行事は、氏神に対する尊敬の深さを表し、信仰の気持ちを深くさせる。

神楽宿への舞い込みが終わると、彦舞、太殿、神降し、鎮守、杉登と神楽番付による進行がなされる。これらはいずれも、神降臨に対応したもので、神庭を祓い清め、御神屋を整え、天神・地神・海神等の神々を招き入れる舞いである。また、神の鎮まりを願い、いよいよ杉を伝って神が降臨され、神々の舞いが繰り広げられる。

(二) 降臨の御神屋

神楽の場に降臨する場において、人々はどんな神々の降臨を思い描いていたのだろうか。

①畏敬の神々

安定した暮らしを願い、様々な不安から逃れたいと願う人々は、周囲のものを全て祈りの対象とした。自然崇拝を基調として、山や川や海、森林、木や草や石に至るまで、自然界のあらゆるものに神が宿ると考えられ、神仏習合の時代を経て蓄積されてきた八百万の神の存在は、人々の心に深く残り、現在に伝えられている。それは、荒ぶる神であり、魔祓いの力をもつ神であり、来訪の神ともいえる。また、それらが神楽の番付に取り入れられて、祈願と感謝の舞いとなっている。

各神社では、番付の神楽に登場する神に様々な意味をもたせているため、神の内容を一概にはいえないが、大まかに事例の一端を記すと、高千穂の夜神楽では、武智、太刀神添、弓正護、沖逢、山森、岩潜り（戸取り、地割、柴引き）、など、風、水、火、山などからの除難を舞いに託したものである。県央西部の銀鏡《しろみ》、尾八重、西米良、諸塚、椎葉各神楽には、荒神、柴荒神、綱荒神、稲荷神楽など荒神名を掲げるものがある。また、獅子舞、柴引き（山ほめ）、振り上げ（刀）、火の神神楽、森、大神、矢、弓、おきえ、注連引鬼神など直接神の力を表現するものもある。

県南部の祓川神楽、狭野神楽、潮獄神楽には、鉾舞、十二人剣、剣舞など刀を使用する番付が多くみられる。荒ぶる神は、降居してもなかなか神主の願いに応えず、何回にもわたる問答、唱教により、ようやく了承し宝渡しや願いに応えるという形式をとって、神と人との距離を近づけていく。世の暮らしが思い通りにいかないことの示唆でもある。また、水や火や山・川をきれいにし、清潔さを保つことを忘れると、大変な災いが起こることを戒める意味も込められている。神楽の諸番付には、地域の歴史を反映した様々な神が登場し、敬神の思いが土地の人々に共有されている。

三宝荒神（諸塚村南川神楽）

②神話に関わる神々

県内の神楽番付には、岩戸開きに関連する番付があり、手力雄、鈿女《うずめ》、戸取などの神々が登場する。番付の中での比重や数の多少はあるが、多くの神楽に取り込まれ、世の中の始まりを想像させる神々の物語が構成されている。

③祖先神や地主神

神社の祭神が、神楽番付に入っている場合もある。村所八幡神社では、大山祇命《おおやまつみのみこと》、征西将軍宮懐良《かねなが》親王、良宗親王、米良領主重為、重鑑を祭神としている。神楽における幣差には、大王様、爺様、婆様が登場する。大王様は懐良親王のことであり、爺様は親王の父良宗王（または一将軍）、婆様は大王様の奥方とされる。

さらに八幡様は米良領主重鑑、御手洗様は奥方様として着面の舞いが披露される。当地では、その尊敬の心を神楽にも残している。銀鏡神社では、大山祇命、岩長媛、懐良親王を祭神とし、地主神である西之宮大明神、宿神、六社稲荷、七社稲荷がある。尾八重神社では壱岐宇多守を花鬼神に、湯之片神社の石清水正八幡大明神を宿神として祀る。神楽には、土地の歴史と先祖からの大事な伝承を受け継ぐ神が登場し、崇敬の念が蓄積される。

八幡様（西米良神楽）

④祈願に関わる神

土地の繁栄と平穏な暮らしを維持・発展させるためには、五穀豊穣・無病息災に象徴される作物の安定した収穫や子孫の繁栄が求められる。それらの願いに応えて降臨する神々も、番付に組み込まれている。豊作感謝を願う番付には、高千穂の夜神楽では、袖花、本花、五穀、八鉢などがあり、高千穂町黒仁田には田植神楽もみられる。また、銀鏡神楽や尾八重神楽には、衣笠鬼神、一人劔、綱神楽、綱荒神などがある。諸塚村戸下神楽には、田植え神楽である御笠がある。県南部に残る神舞である祓川・狭野神楽には、田の神、十二人剣、杵舞などがある。潮獄神楽には、箕取舞、御笠がある。

以上大雑把に取り上げたが、神々や神楽番付に込められた願いは多様で幅広く、豊穣祈願だけに

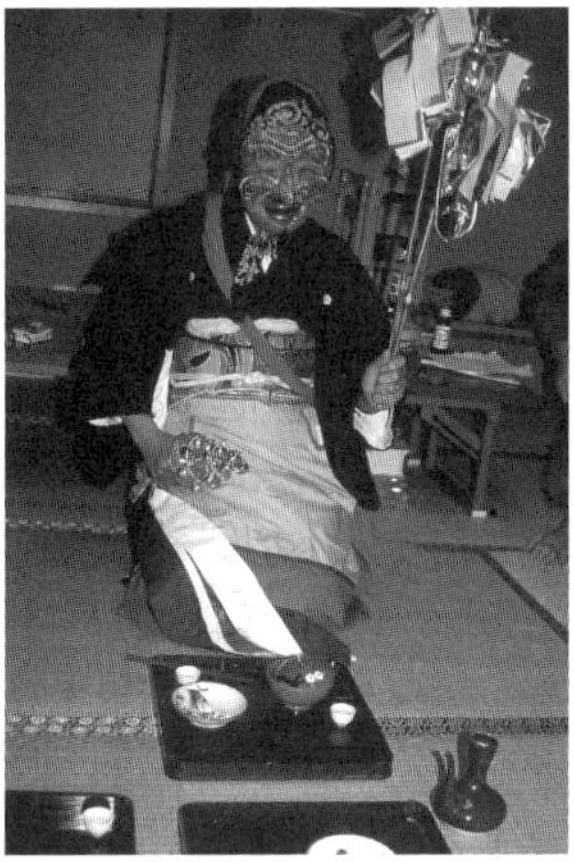

部屋の神（西米良神楽）

御笠子供（諸塚村戸下神楽）

限ったものではないともいえよう。

また、子孫繁栄や集落の発展を願う番付も組み込まれている。西米良神楽における「部屋の神」は、舞幣と舞鈴を持ち、腰テゴにしゃもじ、汁杓子、御器（ゴキ）、こがれ飯、すりこぎを入れ、笑顔を振りまいて観客に笑いの渦をつくりだす。明治時代には、イザナギ・イザナミの二神による舞いであったが、現在は一人で舞われる。女性であるが、すりこ木をもつ（男性）という両性神の姿をなし、全てのことを知る神として登場する。家内安全を願うものであるとされるが、様々な意味合いを有した神である。栂尾《つがお》神楽のうば面、他地区の盤石、御神体（酒こしの舞）、直舞などの番付にもその意味が込められている。

⑤特徴的な神楽番付と神

狩猟を行ってきた山間地域では、鎮魂と感謝を込めた番付を神楽に取り込んでいる事例がみられる。銀鏡神楽のししとぎり、西米良神楽の狩面シシトギリ、椎葉村内の神楽にある板起こしなどは特徴的なものである。日南市の潮獄神社の神楽には、猟祈願のほかに大漁祈願を込めた釣舞もある。また、椎葉神楽ほか他地区にみられる疫病鎮め、退散を願うごず（牛王・牛頭天王）関連の番付もある。

このほか、来訪の山人が土地の神主と問答を行い、許しを得つつ宝渡しが進められる番付がある。椎葉村竹の枝尾神楽と若宮神楽の宿借りや諸塚村戸下神楽の山守がある。椎葉村尾前・不土野地区には生魂殿、しょうごん、正護院と呼ばれる宝渡しを内容とする番付もある。高原町の祓川神楽や狭野神楽には、刀を用いる番付がみられる。中でも踏剣は、七歳の子どもが、両側から差し出された真剣を握り太鼓に合わせて回転する舞いで参拝者も緊張する。神聖な子どもの危険を伴う舞いは、

ししとぎり（銀鏡神楽）

踏剣（狭野神楽）

魚釣舞（潮獄神楽）

強い厄祓いの効果も期待され、舞い終えた子どもに感動して涙する人も多く、大きな拍手が起こる。

尾八重神楽の百弐拾番という神楽がある。「百弐拾番とは、十二支を象徴する十二と人間が抱える煩悩の数といわれる一〇八を足した数のこととされ、過ぎる年への感謝を込めて舞う(註4)」一般の参拝者が御神屋に入り、降臨の神々とともに舞い、神楽の喜びと神への感謝を新たにする場である。特徴的と感ずる視点は数多くあり、ここではほんの一部の例を紹介したにすぎない。

※　※

以上のごとく、神楽には様々な人々の願いを取り入れた神々が登場する。㈠神話や八百万神　㈡荒ぶる神や魔祓いの神　生活の場における火水木金土に由来する神々　㈢祖先神や土地の神　一族、集落、地域の発展と歴史を折り込んだ神々　㈣現実の暮らしにおける祈願神、豊作感謝、無病息災、子孫繁栄、福祝到来等を願う神々が存在する。また、その構成には、大がかりな神迎えの道行きや舞い入れがある。降臨の場である御神屋を整え、舞い降りる神々を迎える。

神々の姿や種類は、人々の心をうつしだしたものであるとも考えられる。近寄りがたい神々が、神主や祝子者との問答を通して次第に心を許し、夜が更けると同じ御神屋で舞いを共にする。いつの間にか、神々は喜びや笑いとともにあり、身近に感じる神々として存在する。やがて、神送りの場がやって来ると、神々は神聖な存在としての姿に戻り、以前の如く尊敬の神として人々の心に宿る。集落の大きな祭りとしての神楽は、人々が生きていく上での全ての願いを取り入れ、象徴としての神々を登場させ、安らぎを求めようとする人々の願いに応えようとする力を有している。土地の安泰な暮らしや加護を願い、人々の願いや思いを番付に取り込んだ神楽は、祖先の創り上げた壮大な崇敬と喜び・感謝の物語ともいえるのではないだろうか。

おわりに

一日一日、一年一年を生きる人々には、明日のことを予測できない不安と心の揺れが常にあった。異変なきを願い、家族、集落、そして地域の人々の暮らしの安定を願ってやまない姿が想起される。生きる日々が厳しいほど、命のいとおしさ、共に暮らす人々への慈しみは深くなった。

人々は願成就や祓えを通して不安や恐れから逃れ、安心を得ようと努めてきた。願いに応えてくれる様々な神々を求め、それに頼ることで生きる支えとしてきた。みえない神は海、里、山どこにでも存在し、イメージする力によってその姿を大きくふくらませた。神々は怖さももたらしたが、同時に身近な存在として人々の心にすんなりと溶け込み、様々な恩恵も与えた。訪ね歩く神々は人々を驚かし、荒々しい動きで家々を暴れて回るが、人々の態度は寛容で温かく受け入れている。神々のもつ霊力は、災難から守り豊作や幸福を招くというもので、人々に喜びをもたらすものである。どこからともなくやってきた神々は、人々が心から期待し待ち望んでいたものである。来訪神も、人々の願いの中からうまれた意味のある神々である。

日々の暮らしには、明るく喜びのある場が必要である。それが祭りであり、そこに神楽も位置づけられた。神聖な神楽舞台と壮大な神降臨の物語を創り出したのは、どんな人であろうか。神楽は生きる上での願いを全て取り入れ、人々の心を象徴する神を浮上させ、安らぎを得ようとする人々の思いを集約したものであり、集落の歴史・文化を織り込んだ深い世界を織り込んでいる。遠く手の届かない存在である神々も、神屋への降居を通して人々の意見に耳を傾け、人々の意向に応えて近づこうとする。人々は神への祈願を通して、感謝と安らぎの場を得ることで新たな年への生きる力を蓄えていく。厳・和・荒・親の印象をもち、様々な祝福をもたらす神々の心は、人々の心の反映ともいえる。

故郷を支えてきた先祖や神々に対する畏敬の念が、現在を生きる人々の心をしっかりと支えている。

［話者及び協力者］（敬称略）

西米良村　中武雅周

西都市　濱砂正光　　田爪英明　　榎本朗喬

延岡市北川町　治久丸春光

註1　二〇一四年八月刊行『ふるさとの伝説』（甲斐亮典著）には、河童に関する豊富な伝説事例があげられている。

註2　「宮崎県総合博物館総合調査報告書　県央地域調査報告書」（筆者執筆分より）平成八年

註3　「宮崎県史叢書　宮崎県年中行事集」（小野重朗著）平成二十三年宮崎県

註4　「西都市米良山中　尾八重神楽」平成二十三年　尾八重神社

［初出一覧］

第一章　ふるさとの民俗行事

第一節　高千穂の四季（『みやざき民俗』第54号　平成13年1月）

第二節　ふるさとの正月行事
──宮崎県北部にみる事例から──（『みやざき民俗』第60号　平成20年5月）

第三節　西米良村の民俗文化
──伝承を暮らしに生かす村づくり（『みやざき民俗』第69号　平成29年3月
第71号　平成31年3月予定）

第四節　佐土原びとの伝承（『みやざき民俗』第61号　平成21年2月）

第五節　水に祈る人（『みやざき民俗』第68号　平成28年3月）

第二章　故郷の記憶

第一節　自然を見つめる確かな目（『みやざき民俗』第65号　平成25年3月）

第二節　結いにみる伝統の力（『みやざき民俗』第66号　平成26年3月）

第三節　神仏への畏敬（『みやざき民俗』第67号　平成27年3月）

著者略歴

那賀 教史（なか みちふみ）

昭和44年 大分大学卒。以来、宮崎県内小学校、県総合博物館、県教育庁文化課、児湯教育事務所等に勤務。

平成18年 宮崎市立大塚小学校長退職。以後宮崎県文書センター嘱託、宮崎公立大学非常勤講師（民俗学）として勤務。

現　在 宮崎民俗学会副会長、宮崎県みやざきの神楽魅力発進委員会委員、宮崎市文化財審議会会長、日本民俗学会会員現代民俗学会会員。

著書(共著) 『宮崎県史（別編民俗）』、『日之影町史』『北川町史』『西都市史（民俗資料編　通史編）』、『宮崎県総合博物館「日向の山村生産用具（目録編、資料編１～７）」』『宮崎県「みやざきの民俗芸能」』、『宮崎県「みやざきの神楽ガイド」』、『妻町商家のくらし ― 河内家（河野藤太家）調査報告書 ― 』、『ふるさとを語る～西都に生きた人々のくらし～』、『祭礼行事・宮崎県』、『日本歴史地名体系・宮崎県の地名』、『江戸時代人づくり風土記・宮崎県』など。

みやざき文庫 129

［上巻］祈りと結いの民俗
故《ふる》郷《さと》の記憶

2018年 8 月 1 日 初版印刷
2018年 8 月11日 初版発行

編　著　那賀　教史

発行者　川口　敦己

発行所　鉱脈社
宮崎市田代町263番地　郵便番号880-8551
電話0985-25-1758

印　刷
製　本　有限会社　鉱脈社
